**Gebrauchsanweisung
für das Internet**

Dirk von Gehlen

Gebrauchsanweisung
für das Internet

PIPER

Mehr über unsere Autoren und Bücher:
www.piper.de

ISBN 978-3-492-27699-3
© Piper Verlag GmbH, München 2018
Satz: Fotosatz Amann, Memmingen
Druck und Bindung: CPI books GmbH, Leck
Printed in the EU

Inhalt

tl;dr

*Die englische Abkürzung für »zu lang, hab's nicht gelesen«
(too long; didn't read) ist im Web sehr gebräuchlich, um
lange Texte ironisch zu kommentieren. Ich leihe mir dieses
Prinzip im Folgenden aus und bündle vor jedem Kapitel – wie
in dieser Vorbemerkung – die Inhalte des Abschnitts. Denn
dieses Buch ist nicht nur vom Internet inspiriert, es lädt auch
dazu ein, die faszinierende Idee eines dezentralen weltumspannenden Netzwerks (neu) zu entdecken. Hinter den
Debatten um all die schlimmen Seiten des Internets verbirgt
sich nämlich eine der großartigsten Erfindungen unserer Zeit,
die Menschen klüger und fröhlicher machen kann; wenn man
sie richtig einsetzt – und sich daran beteiligt.
Höchste Zeit, endlich zu verstehen, wie sie funktioniert und
wie man sich einbringen kann.*

Landkarte für einen ortlosen Ort: Wieso man fürs Internet eine Gebrauchsanweisung braucht (gerade wenn man glaubt, Bescheid zu wissen)

tl;dr:

Um das Netz zu verstehen, muss man bereit sein, es zu nutzen. Denn das Internet ist ein Spiegel der Gesellschaft. Sein Wert hängt also auch davon ab, aus welcher Perspektive wir es betrachten – und ob (und wie) wir uns daran beteiligen. Dabei kann es hilfreich sein, nicht den Blick der Vergangenheit, sondern den von Kindern einzunehmen: Für sie ist das Internet nämlich keine neuartige Erfindung, sondern selbstverständlicher Bestandteil des Alltags.

Wir starren auf ein Tortenstück. Wer das Symbol für kabelloses Internet nicht kennt (Sie sehen es in Wolkenform auf dem Cover), dem könnte man den Viertelkreis mit den vier Linien vielleicht am besten als ein Tortenstück beschreiben, bei dem Schokoladenguss und heller Teig sich kunstvoll abwechseln. Mein Sohn und ich sitzen vor einem Computer und beobachten gespannt, wie dieser versucht, sich mit dem WLAN zu verbinden. »Klappt's jetzt?«, fragt mein Sohn ungeduldig. Wir sind im Familienurlaub in Irland und hoffen gerade, in unserem kleinen Ferienhaus eine Verbindung zum Internet herstellen zu können. Unten an der Rezeption der Ferienanlage war der Empfang tadellos, aber unser Häuschen liegt gut dreihundert Meter entfernt. Nah genug, um eine Ahnung von Internet zu vermitteln, aber zu weit weg, um den Rechner zu verbinden – und dann im Web die Sportschau zu gucken. Es ist ein Samstag in den Sommerferien, wir sind von einer Wanderung zurück und würden jetzt gern die Spielzusammenfassungen der Bundesliga anschauen, deren neue Spielzeit gerade begonnen hat. Aber für mehr als ein Flackern des WLAN-Symbols reicht die Verbindung nicht aus. Das Tortenstück müsste fett leuchten und dürfte nicht ständig blinken. Wir kommen nicht rein. »Es klappt nicht«, sage ich. Der Siebenjährige schaut mich enttäuscht an. »Schade«, sagt er tapfer. Und dann fragt er nach kurzem Nachdenken: »Warum fahren wir eigentlich in ein Haus in den Urlaub, in dem es nicht mal Internet gibt?«

Die Frage ist bestechend einfach. Aus seiner Perspektive ist das Internet keine neuartige Erfindung, über deren Folgen man gesellschaftliche Debatten führt. Für ihn ist das Internet kein Neuland, als das Bundeskanzlerin Angela Merkel es 2013 beschrieben hat, sondern selbstverständlicher Bestandteil der Welt. Auf die Idee, dass der übergroße TV-Bildschirm im ersten Stock des Ferienhauses eine Hilfe wäre, um die Sportschau zu gucken, kommt mein Sohn gar nicht erst. Es würde auch in der Tat nichts nutzen, denn dieses Gerät empfängt nur irisches Fernsehen. Was ihm ebenfalls nicht in den Sinn käme: dass wir die Sportschau im Internet hier in Irland gar nicht schauen könnten, weil die Sportrechte-Vermarkter es so eingerichtet haben, dass die Sportschau nur von Computern aus geschaut werden kann, die sich aus Deutschland mit dem Internet verbinden – obwohl doch genau das der

Zauber an diesem Internet ist: dass man es von jedem Ort der Welt aus nutzen kann. Aber über das sogenannte Geoblocking und seine technischen und juristischen Implikationen wird noch zu reden sein …

Für die Generation der heutigen Grundschulkinder ist das Internet so selbstverständlich wie elektrischer Strom, Licht und zum Beispiel ein Föhn. Die Kinder wachsen damit auf, dass man an jedem Ort mittels GPS den eigenen Standort ermitteln und in einer digitalen Karte den Weg nachfragen kann. Sie sind daran gewöhnt, dass man zum Beispiel in Dublin genauso verfolgen kann, was gerade in Köln passiert, wie man dies in Auckland oder Berlin tun kann. Sie kennen Computer als Mittel, um sich mit der Welt zu verbinden und sich diese dadurch zu erschließen.

Es ist sicher kein Zufall, dass irgendjemand im Internet die auf den Psychologen Abraham Maslow zurückgehende Pyramide der menschlichen Bedürfnisse vor ein paar Jahren um die Ebenen »Internet« und »Akku fürs Handy« ergänzt hat. Im ursprünglichen Modell bilden die Grund- und Existenzbedürfnisse wie Luft, Wasser und Nahrung die Basis, es folgen (spitz nach oben zulaufend) Sicherheit und Geborgenheit, soziale und individuelle Bedürfnisse wie jenes nach Anerkennung und Selbstverwirklichung. Nun sind an der Basis WLAN und Akku als existenzielle Grundbedürfnisse dazugekommen.

Die Generation der heutigen Grundschulkinder wird sich nie an ein verklärtes »Früher« erinnert fühlen, wenn diese Technik mal nicht funktioniert. Sie wird dann nicht an einen Urlaub denken, in dem man Zeit (angeblich) mit Brettspielen bei Kerzenschein verbrachte. Aus ihrer Perspektive ist die Tatsache, dass man Ferien an einem Ort verbringt, dem eine sehr grundlegende Infrastruktur fehlt, unverständlich.

Die Erwartung, die in dieser Geschichte zum Ausdruck kommt, stelle ich aus drei Gründen an den Beginn dieses Buches, das uns in eine Welt führt, die sich ständig wandelt. Zum einen hat mir mein fragender Sohn damals die Augen dafür geöffnet, wie weit die Lücke zwischen den Generationen in Bezug auf das Internet eigentlich klafft. Wie ratlos würde es ihn erst machen, würde er erfahren, dass es Menschen gibt, die sehr viel Geld dafür ausgeben, Ferien ohne das Internet zu verbringen? Und wie ratlos wäre umgekehrt ein Anbieter von diesen »Digital Detox« genannten Ferien, müsste er sein Angebot einer Grundschulklasse erklären, die gerne Fußball anschauen will?

Zum Zweiten hat die Frage bei mir zu einem Perspektivwechsel und zu einer Haltungsänderung geführt, zu der ich auch Sie einladen möchte: Stellen Sie sich vor, es gäbe das Netz der Netze von heute auf morgen nicht mehr; keine Mails mehr, keine Serien und kein Fußball-Stream, kein Chat, kein sofortiger Zugriff auf weltweites Wissen und auch keine Urlaubsfotos in sozialen Netzwerken. Das klingt vielleicht auf den ersten Blick reizvoll, wäre aber in Wahrheit ein unbestreitbarer zivilisatorischer Verlust. Und jetzt kommt die entscheidende Frage: Wie erklären Sie sich dieses Gefühl des Verlusts? Ist es Ihnen der Beweis dafür, dass das Internet viel zu bedeutsam geworden ist und womöglich sogar abhängig macht? Oder folgen Sie mir in der Einschätzung, dass dieses Gefühl der Beweis dafür ist, wie großartig und historisch bedeutsam das Internet als Erfindung ist?

Der dritte Grund für meine Einstiegsgeschichte liegt genau in der Groß- und Einzigartigkeit dieser Erfindung: Das Internet ist ein selbstverständlicher und so tief verankerter Bestandteil unseres Lebens geworden – ohne dass die Generation derjenigen, die gerade nicht (mehr) zur Schule geht, überhaupt bemerkt oder verstanden hätte, was es ist. Deshalb habe ich diese *Gebrauchsanweisung* geschrieben. Um mich selbst, aber auch Sie als Leserinnen und Leser und uns als Gesellschaft daran zu erinnern, dass das Internet ein Instrument der Aufklärung sein kann. Die Idee, Computer ohne zentrale Vermittlungsstelle sehr ausfallsicher direkt miteinander zu verbinden und dabei einen Austausch zwischen ganz unterschiedlichen Systemen zu ermöglichen, ist ein großer Fortschritt. Die Überwindung von Sprach- und Landesgrenzen, die Verbindung von Menschen und der Zugang zu Wissen sind begrüßenswerte Entwicklungen, die durch das Internet erst möglich wurden. Wir sollten uns darüber bewusst sein, dass das Internet ein Geschenk ist, wie es die Kulturkritikerin Virginia Heffernan einmal gesagt hat.

Diese *Gebrauchsanweisung* hilft Ihnen dabei, dieses Geschenk auszupacken und seinen besonderen Zauber etwas besser zu verstehen. Damit soll nicht verschwiegen werden, dass das Internet große Probleme zutage fördert und uns vor schwere gesellschaftliche Herausforderungen stellt. Diese *Gebrauchsanweisung* legt deshalb auch die Entwicklungen offen, die den Grundideen der Verbindungs-Pioniere zuwiderlaufen, und spart auch die Herausforderungen nicht aus, vor die uns das Internet stellt. Sie stellt aber keine Regeln auf, wie man sich zu verhalten habe (wie auch?). Sie hilft Ihnen vielmehr, vom Mitfahrer zum Fahrer zu werden. Mit diesem Bild (das auf den New Yorker Autor Douglas Rushkoff zurückgeht) lässt sich unser Erkenntnisinteresse am Internet vermutlich am besten fassen: Sie sollten sich nicht mehr nur mit einem Auto durch die Stadt fahren lassen, sondern aussteigen, die Motorhaube des Fahrzeugs öffnen und verstehen, wie der Motor funktioniert. Und vielleicht werden Sie sich danach nicht wieder nur auf die Rückbank setzen, sondern auf dem Fahrersitz Platz nehmen und selbst aktiv werden. Sie müssen den Motor nicht selbst reparieren können. Sie sollten aber in der Lage sein, seine Funktionsweise zu verstehen. Sie sollten wissen, wie und warum man tankt, und am Ende sogar selbst fahren und einparken können. Denn dann können Sie auch bestimmen, wo es hingeht – und sind nicht auf das angewiesen, was diejenigen sagen, die am Lenkrad sitzen.

Doch bevor wir in dieses unbekannte Land und zu diesem ortlosen Ort aufbrechen, öffnen wir kurz die Motorhaube und halten zuerst einmal fest, dass die häufig synonym gebrauchten Begriffe »Internet« und »Web« nicht dasselbe meinen, sondern aufsteigend zu verstehen sind: Das Internet ist die greifbare Infrastruktur, die das Netzwerk der Netzwerke zwischen den unzähligen Geräten weltweit herstellt. Das World Wide Web ist *ein* sogenannter Dienst, der auf diese Infrastruktur zurückgreift. Es liegt eine Ebene höher, wo sich auch Dienste wie Mail oder FTP befinden.

Vielleicht stellen wir uns das Internet für unsere gemeinsame Reise tatsächlich als einen neuen Kontinent vor, den es zu erkunden gilt. Dabei werden auch diejenigen Entdeckungen machen, die schon häufiger dort waren. Denn diese *Gebrauchsanweisung* verzichtet bewusst darauf, besondere Sehenswürdigkeiten aufzuzählen. Bücher dieser Art waren vor allem in der Frühphase des Internets populär und versprachen, zum Beispiel die besten Webadressen eines Landes oder zu einem bestimmten Thema zu bündeln. Und die Angebote, die sich dieser Bewegung entziehen, sind – so Kritiker dieser Bücher – eher Dokumentationen dessen, was im Internet möglich ist, als das wirkliche Erleben, das Antrieb für diese *Gebrauchsanweisung* ist: Um das Netz zu verstehen, muss man bereit sein, es zu nutzen. Dass dabei Dokumentationen durchaus hilfreich sein können, beweist ein Buch, das man heute nur noch antiquarisch und auf Englisch erwerben kann. Es stammt aus den Anfangstagen des Web und trägt den Titel *Whole Internet*

Users Guide — was man als *Gebrauchsanweisung für das ganze Internet* übersetzen kann und was damals vermutlich sogar auch stimmte, uns heute aber dennoch etwas merkwürdig erscheint.

Der Versuch, in Buchform auf Papier festzuhalten, was in Pixeln ständig in Bewegung ist, entspricht aber nicht der Haltung, mit der dieses Buch auf das Internet blickt. Denn das, was unter einer Webadresse angegeben ist, kann an einem Tag ganz anders aussehen als am nächsten.

Denn das ist das Besondere am Digitalen: Es ist nie in dem Sinn fertig, in dem zum Beispiel Bücher aus Papier oder gedruckte Zeitungen abgeschlossen und unveränderlich sind. Das Digitale kann ständig verändert und neu ausgespielt werden. Es ist stets in Bewegung. Das gilt auch für das Internet selbst. Wollte man das Netzwerk denn als physischen Ort, als Raum, verstehen, müsste man sagen: Wir kennen seine Ausmaße noch gar nicht. Es ist ein Kontinent, dessen Enden uns unbekannt sind, weil er ständig wächst und in Bewegung ist. Und damit sind nicht nur die Inhalte gemeint, sondern auch das enorme Tempo, in dem sich im digitalen Bereich technische Entwicklungen vollziehen. Sodass wir heute nicht sagen können, ob das, was wir als Internet nutzen, auch noch für weitere Generationen in dieser Form sichtbar sein wird. Wir werden andere Geräte haben, um ins Internet zu kommen, und es auf ganz neue Weise nutzen.

Daraus ergeben sich drei Schlussfolgerungen für diese *Gebrauchsanweisung für das Internet:* Sie ist erstens — dessen bin ich mir bewusst — ein eigentlich unmögliches Unterfangen. Denn sie ist ein Papierbuch über das Digitale und steckt damit in der gleichen Falle wie die angesprochenen Webadressbücher. Zum Zweiten ist sie eine Einführung in die technischen Grundlagen der Infrastruktur Internet und der Anwendungen wie dem World Wide Web, die auf ihr basieren. Sie ist dabei aber kein technisches Buch, sondern ein gesellschaftliches. Und folgt dabei der Einschätzung, die Tim Berners-Lee – einer der Väter des World Wide Web – mal so zusammenfasste: »Das Web ist eher ein gesellschaftliches als ein technisches Produkt. Ich wollte die Zusammenarbeit erleichtern – und nicht ein technisches Spielzeug entwickeln. Das höchste Ziel des Webs ist Unterstützung und Verbesserung einer netzartigen Lebensform.«[1]

Und zum Dritten ist diese *Gebrauchsanweisung* stets im Bewusstsein ihrer Zeitlichkeit geschrieben. Sie will nicht die aktuellsten Trends beschreiben, sondern die zugrunde liegenden Prinzipien und Mechanismen – allerdings stets im Wissen darum, dass neue technologische Anwendungen auch diese verändern können. Dennoch bin ich der Meinung, dass es Ideen und Entwicklungen gibt, die langfristig Bedeutung haben und die man kennen sollte, um diesen ortlosen Ort zu verstehen.

Eine hat mit dem Riss zu tun, der diesen Ort teilt. Wohl selten hat eine Erfindung, deren wichtigstes Ziel die Verbindung ist, so sehr zu Trennung und Unterscheidung geführt. Denn natürlich ist das Internet ein Instrument, das Beziehungen aufbaut, Grenzen überwindet und Menschen sowie Maschinen in Kontakt bringt. Im Umgang ist das Internet aber auch zu einer großen Distinktionsmaschine geworden. »Gehörst du dazu oder nicht?« ist zu einer so entscheidenden Frage geworden, dass man lange Zeit zwischen eingeborenen und eingewanderten Bewohnern des »Kontinents« Internet differenzierte. Diese Unterscheidung zwischen *Digital Natives* und *Digital Immigrants* geht auf den New Yorker Autor und Lehrer Marc Prensky zurück, der sie 2001 erstmals nutzte. Sie bleibt auch Jahre nach ihrer ersten Erwähnung bedeutsam, sie beschreibt weiterhin einen gesellschaftlichen Graben, an dessen Tiefe man ermessen kann, wie bedeutsam die Veränderungen sind, die durch das Internet angestoßen wurden.

Aber genau deshalb braucht es eine *Gebrauchsanweisung für das Internet* – und zwar für Menschen auf beiden Seiten des digitalen Grabens. Er muss mindestens überbrückt werden. Diese *Gebrauchsanweisung* will ihren Teil dazu beitragen und das Internet verständlicher und vielleicht auch zugänglicher machen. Es ist wert- und sinnvoll, diesen ortlosen Ort zu besuchen, sich zu verbinden und teilzunehmen. Und zwar am wenigsten aus rein persönlichen oder gar Bequemlichkeitsgründen – sondern aus Gründen der zivilgesellschaftlichen Teilhabe. Öffentlichkeit bedeutet eben zunehmend auch Teilnahme am Internet, und öffentlicher Diskurs ist zunehmend auch digitaler Diskurs. Um diesen geht es hier – und um die Bereitschaft, mitzumachen, sich einzubringen und nicht nur am Seitenrand zu stehen und schlau daherzureden. Denn das Internet ist »zum Spiegel unserer globalen Gesellschaften geworden«, stellt Vint G. Cerf (genannt Vint) in einem Beitrag zur Zukunft des Web fest. Cerf gilt als einer der Erfinder des Internets, gemeinsam mit Bob Kahn hat er das TCP/IP-Protokoll erfunden (von dem im Kapitel über die Grundstrukturen des Internets ausführlich die Rede sein wird), und vor allem gilt er als Vater des Wortes »Internet«. Immerhin benutzte er in einem Aufsatz, den er mit Yogen Dalal und Carl Sunshin veröffentlichte, erstmals das Wort »Internetworking«. Das war 1974 – ein Jahr bevor ich geboren wurde. Ich kann mich an keine Erfindung erinnern, die in meinem Leben für derart großen gesellschaftlichen Wandel gesorgt hat. Und das innerhalb so kurzer Zeit. Schließlich ist das Internet menschheitsgeschichtlich noch sehr jung.

Im Jahr 2018 bat die englische Ausgabe des Magazins *Wired* Cerf um einen Ausblick auf das Internet der Zukunft. Darin vergleicht er das Internet mit einem Spiegel der Gesellschaft. Er schreibt: »Manche Menschen sind nicht einverstanden mit dem, was sie in diesem Spiegel sehen, und machen den Fehler zu glauben, sie müssten den Spiegel reparieren, um die Probleme zu beheben, die sie in ihm sehen.« Das hält er für falsch. Ihm geht es vielmehr darum, gesellschaftliche Debatten darüber zu führen, wie das Internet das Zusammenleben verändert – und wie Gesellschaften politisch, juristisch und nicht nur technologisch auf die neuen Herausforderungen reagieren. »Wie«, fragt er, »können wir die Fähigkeit zum kritischen Denken in der Bevölkerung befördern? Und ist kritisches Denken ausreichend, um den digitalen sauren Regen abzuwehren, der den Ozean der nützlichen Online-Informationen zu vergiften droht?«[2] Um das herauszufinden, fordert er die Leserinnen und Leser auf, auch die vermeintlich dunklen Seiten des Internets anzugehen.

Und anders als meine Familie damals im Urlaub in Irland können Sie das ja auch tun: Sie haben nämlich Internet. Nutzen Sie es, gestalten Sie es!

Internet-Premiere24: Zwei Dutzend »Erste Male« im Internet

tl;dr:

Das Internet hat nicht einen Geburtstag. Es ist eher eine Folge von sehr unterschiedlichen Geburtstagen. Manche dieser Jubiläen sind von eher geringer Bedeutung, aber auch sie verweisen auf etwas, was später einmal wichtig werden sollte. Wenn man sich aber wirklich für einen zentralen Moment interessiert, sollte man sich an einen Oktobertag im Jahr 1969 erinnern, als über das sogenannte Arpanet erstmals eine Verbindung hergestellt wurde.

Wir waren müde. Daran erinnere ich mich noch sehr genau. Wir waren müde, und draußen war es früh dunkel geworden. Es dämmerte, als der Archivar die kleine Gruppe Journalistenschüler in Empfang nahm. Er führte uns in sein Reich, das aus langen Gängen voller Regale bestand. Eine Leuchtstoffröhre flackerte und erhellte die Kammer am Ende des Ganges, in der er uns an einen Computer führte. Meine Journalistenschulklasse war zu Besuch in einem Verlagsarchiv in München. Es war ein Winternachmittag Mitte der 1990er-Jahre – und mein erster Kontakt mit dem Internet. Ob es tatsächlich der erste war, kann ich wie viele Menschen meiner Generation nicht mit Gewissheit sagen; ich weiß aber, dass ich historisch erst sehr spät den Zauber der weltweiten Vernetzung begriff. Dass ich so lang brauchte, hat womöglich auch mit jenem Archivar zu tun, der uns sehr eloquent und freundlich in die Grundideen des Archivwesens eingeführt hatte und uns einschärfte, stets großen Wert auf Quellen zu legen und deshalb unbedingt ein Handarchiv zu führen, also Zeitungsausschnitte und Dokumente immer gut aufzubewahren. Anschließend schaltete er den Computer ein und bereitete uns im Schein der Leuchtstoffröhre auf das vor, was uns erwartete: Das hier, erklärte er, während er auf ein mir damals unbekanntes Programmbild klickte, sei das Internet. Das Internet sei maximal eine lustige Spielerei, sagte er voller Überzeugung, aber für unsere Arbeit vermutlich kaum von Bedeutung. Für Werbung sehe er dort vielleicht eine Zukunft, aber wir müssten uns davon nicht verrückt machen lassen. Dann surfte er zum Beweis die Website einer Brauerei an, die dort für ihre Produkte warb. Wir waren, wie gesagt, schon müde und verabschiedeten uns recht bald – aus einem aus heutiger Perspektive erstaunlichen Termin. Er illustriert sehr anschaulich, dass man mit Prognosen sehr leicht sehr bedeutsam falschliegen kann. Das ging nicht nur dem Archivar von damals so, auch dem Microsoft-Gründer Bill Gates, der heute eben wegen der digitalen Revolution zu den reichsten Menschen der Welt zählt, wird die Vorhersage zugeschrieben, er glaube nicht an den Erfolg des Internets.

Die wohl berühmteste Fehleinschätzung in Bezug auf die Bedeutung digitaler Technologien stammt von einem, der sich damit eigentlich gut auskennt: Der Autor und frühe

Nutzer des Webs, Clifford Stoll, schrieb 1995, er sehe absolut keine Zukunft für das Internet. Es sei vielmehr ein Hype, der sich schon bald erledigt haben werde³. Fünfzehn Jahre später bat ein Web-Magazin ihn um einen Artikel zum Thema. Stoll nahm seine falsche Prognose darin sportlich und schloss den Text mit der Einschätzung: »Heute habe ich mir angewöhnt, immer wenn ich denke, ich wüsste, wie eine Sache läuft, mich zu zügeln und mir selbst zu sagen: ›Könnte auch falsch sein, Cliff …‹«⁴

Umgekehrt gibt es aber auch sehr frühe und sehr exakte Prognosen. Das berühmteste Beispiel lieferte in einem TV-Interview aus dem Jahr 1999 der Musiker David Bowie, der prognostizierte, das Internet werde unvorstellbare Veränderungen für das Verhältnis von Produzenten und Konsumenten haben – auch und vor allem in der Welt von Kunst und Kultur.

Können Sie sich noch an Ihren ersten Kontakt mit dem Internet erinnern? Oder wissen Sie auch nicht mehr so genau, wann Sie zum ersten Mal online gingen oder an wen Sie Ihre erste E-Mail schrieben? Da geht es Ihnen kaum anders als dem Internet selbst. Es gibt keinen Feiertag, an dem man der Geburt des Internets gedenkt. Das Internet ist eine Folge von zahlreichen Geburten. Offensichtlich wurde dies, als im Jahr 2016 bei zahlreichen Nutzern im Facebook-Feed der sogenannte Internaut-Day als Geburtsstunde des Web angezeigt wurde. Facebook datierte den 23. August 1991 zum Startdatum des World Wide Web und zeigte dies seinen Nutzern auf deren Startseite an – was definitiv so nicht stimmt. Denn die Entstehung des Web erstreckt sich über mehrere Daten: Am 12. März 1989 stellte Tim Berners-Lee erstmals seine Idee zu einem Internetdienst namens World Wide Web vor, die erste Website ging am 20. Dezember 1990 online, und am 6. August 1991 wurde das Web der breiteren Öffentlichkeit zugänglich gemacht.

Doch alle diese Daten beziehen sich nicht auf das Internet, sondern auf das Web. Also auf einen Internetdienst, der auf der Infrastruktur des Internets aufsetzt. Die Geschichte des Internets ist noch weniger auf eine Geburtsstunde zu datieren, in der eine Tür geöffnet oder ein Absperrband feierlich durchschnitten wurde.

Hinzu kommt, dass vielen Menschen der Unterschied zwischen Web und Internet gar nicht bewusst ist und sie deshalb von Facebook im August 2016 leicht in die Irre zu leiten waren. Aber selbst die Betreiber der Website howoldisthe inter.net setzen beide Begriffe gleich. Sie zeigen zwar als Antwort auf ihre Titelfrage: »Wie alt ist das Internet?« die Anzahl an Tagen an (der Wert liegt derzeit bei über 10 000 Tagen), beziehen diese aber auf den März 1989 – also auf die Vorstellung der Idee des World Wide Web – und nicht auf das Internet als zugrunde liegende Infrastruktur.

Eben weil es so viele aufeinander aufbauende Geburtsstunden gibt, die allesamt das Internet und all seine Dienste in der heutigen Form erst möglich gemacht haben, habe ich zwei Dutzend »Erste Male« herausgesucht. In Anspielung auf die im Netz gern genutzten Namen mit einer 24 im Titel habe ich diese Liste als »Internet-Premiere24« überschrieben. Diese Zahl beschreibt die durch das Netz ermöglichte Verfügbarkeit rund um die Uhr. Anders als lokale Geschäfte sind die Angebote im Internet rund um die Uhr zugänglich. Dem tragen einige Anbieter durch das Hinzufügen einer 24 im Namen Rechnung – so zum Beispiel bei der Scout-Gruppe, zu der u. a. das Wohnungsportal Immoscout24 und das Freundschaftsangebot Friendscout24 zählen.

Alle 24 Premieren vermischen bedeutsame historische Daten mit kleinen Anekdoten, die eher der Kategorie »Unnützes Wissen« entstammen. Sie haben aber allesamt einen gewissen Weitererzählwert – und geben einen ersten Einblick in die Geschichte des Internets. Auch dass sie hier stichpunktartig als Liste erscheinen, soll auf einen zentralen Aspekt des Webs hinweisen: Seine inhaltliche Struktur basiert auf der Sammlung einzelner Aspekte, die nicht in einer linearen Folge aufeinander aufgebaut, sondern netzartig miteinander verbunden sind. Johann Wolfgang von Goethe ist weit vor der Erfindung des Internets zu der Einschätzung gelangt: »Das Wichtigste sind die Bezüge. Sie sind alles.«[5] Durch das Web hat diese Beobachtung enorm an Bedeutung gewonnen; Bezüge heißen hier Links.

1. *Das erste Wort*, das übers Internet übertragen wurde, war gar kein Wort. Als der Student Charley Kline an der University of California in Los Angeles das Wort »Login« über den Internetvorläufer Arpanet nach Stanford übertragen wollte, brach die Verbindung nach dem »O« ab. Das war im Oktober 1969. Das erste Wort, das übertragen wurde, lautete also »Lo«. Nicht zu verwechseln mit der Abkürzung LOL, die im digitalen Dialekt lautes Auflachen ausdrückt. Die Pioniere des Netzes wählten eine andere semantische Einordnung – und zwar die englische Formulierung aus dem 18. Jahrhundert: Lo wie in »lo and behold«, was man als »Sehe und staune!« übersetzen kann. Der Filmemacher Werner Herzog hat seinen Film *Wovon träumt das Internet?* deshalb im englischen Original auch *Lo and Behold* genannt.

2. Zwei Jahre nach dem Login-Versuch von Los Angeles wurde in Cambridge *die erste E-Mail* verschickt – von Raymond Tomlinson, den alle nur Ray nannten. Das war im Jahr 1971, und Tomlinson arbeitete für die Firma »Bolt Beranek and Newman« in der Nähe von Boston. Was in der Mail stand, daran konnte sich der 2016 verstorbene Informatiker nicht erinnern. Sicher ist jedoch, dass er damals erstmals das @-Zeichen einsetzte.

3. *Die erste Mail, die in Deutschland verschickt wurde*, kam dreizehn Jahre später in Karlsruhe an. Empfänger waren im August 1984 die Karlsruher Informatiker Michael Rotert und Werner Zorn. Der Inhalt lautete: »This is your official welcome to CSNET«, stammte von einer Kollegin und begrüßte Deutschland im Computer Science Network, in dem die wissenschaftlichen Ursprünge des Internets organisiert waren.

4. *Das erste Glasfaserkabel*, das Europa und Nordamerika miteinander verband, ging im Jahr 1988 in Betrieb. Es handelte sich um das sogenannte TAT-8, das auf dem Meeresboden durch den Nordatlantik führte. Diese Route wird seit Mitte des 19. Jahrhunderts für Kommunikationsverbindungen genutzt. Das TAT-8 war bis 2002 auf dieser Strecke im Einsatz. Die Abkürzung steht für Transatlantisches Tiefseekabel. Seit 2001 ist das TAT-14 in Betrieb, das in Nordamerika startet und in der ostfriesischen Küstenstadt Norden europäischen Boden erreicht.

5. Die britische Königin Elizabeth II. verschickte *ihre erste E-Mail* bereits im Jahr 1976. Damals besaß sie keinen privaten Mail-Account, sondern drückte im Rahmen eines Truppenbesuchs an einem Militärrechner auf den »Senden«-Button. 28 Jahre später schlug sie Tim Berners-Lee, einen der Väter des World Wide Web, zum Ritter.

6. *Die erste Website*, die eingerichtet wurde, kann man heute noch unter http://info.cern.ch/hypertext/WWW/TheProject.html aufrufen. Sie stammt von Tim Berners-Lee. Er baute sie am 20. Dezember 1991. Zum 20. Geburtstag seiner Idee stellte das CERN (Conseil Européen pour la Recherche Nucléaire), dem Berners-Lee das WWW entwickelte, die Website wieder online.

7. *Das erste Bild*, das jemals ins World Wide Web geladen wurde, zeigt vier Mitarbeiterinnen des Schweizerischen

CERN-Instituts. Diese hatten im Jahr 1992 mit ihrer gemeinsamen Band »Les Horribles Cernettes« einen Auftritt. Ein Mitarbeiter des CERN fotografierte sie dabei und lud das Bild am folgenden Tag ins Web.

8. *Das erste Video*, das jemals auf YouTube geladen wurde, ist nur 19 Sekunden kurz und stammt aus dem Zoo von San Diego. Zu sehen ist Jawed Karim, einer der Mitgründer der Video-Plattform, der vor dem Elefantengehege steht.

9. *Das erste Buch*, das je über Amazon verkauft wurde, heißt *Fluid Concepts and Creative Analogies: Computer Models of the Fundamental Mechanisms of Thought* und wurde von Douglas Hofstadter geschrieben. Anfangs wurden über Amazon ausschließlich Bücher verkauft. Jeff Bezos, der heute zu den reichsten Menschen der Welt gehört, gründete Amazon in seiner Garage in Bellevue in der Nähe von Seattle. Mittlerweile kann man bei der Firma, deren Logo einen schwungvollen Pfeil von A bis Z zeigt, nicht nur nahezu alle verfügbaren Produkte erwerben, sie bietet mit ihrem Amazon Web Service (AWS) auch sogenannte Cloud-Lösungen an, stellt Firmen und Privatpersonen also Speicherplatz zur Verfügung.

10. Seit dem 6. November 1986 gibt es die Endung .de für Domain-Namen. Damals wurde die sogenannte Top-Level-Domain für Deutschland eingetragen. *Die ersten drei Domains mit der Endung .de* waren uni-dortmund.de, uni-paderborn.de und uka.de (für Universität Karlsruhe). Mittlerweile gibt es über 16 Millionen .de-Domains, die heute von der DENIC verwaltet werden. Laut Presseinformation der DENIC aus dem Jahr 2016 nimmt Deutschland damit Platz drei der Top-Level-Domains ein, hinter .com (127,3 Millionen) und .cn für China (19,5 Millionen).

11. *Der erste Song* einer bekannten Band, der im Jahr 1994 übers Internet geladen wurde, stammte von Aerosmith. Er trägt den Titel »Head First« und brauchte mit damaligen Datenraten über eine Stunde zum Download. Der Song wurde dabei noch nicht im heute üblichen MP3-Format komprimiert. Dieser Name für ISO MPEG Audio Layer 3 wurde erst im Jahr 1995 am Fraunhofer Institut für Integrierte Schaltungen in Erlangen durch eine interne Abstimmung festgelegt.

12. *Die erste Aktie des deutschen Karrierenetzwerks open*BC wurde im Winter 2006 zu einem Preis von 30 Euro gehandelt. Das Netzwerk, das 2003 gestartet war, ging 2006 an die Börse. Um Missverständnisse im englischsprachigen Ausland zu vermeiden, änderte die Firma fortan ihren Namen in Xing. Im Winter 2012 übernahm das Münchner Verlagshaus Hubert Burda Digital die Mehrheit der Xing-Anteile – damals stand die Xing-Aktie bei 44 Euro.

13. *Der erste Hashtag*, der jemals verwendet wurde, lautete #barcamp und stammt aus einem Tweet des Nutzers Chris Messina, der darin vorschlug, das Rautezeichen künftig zu nutzen, um Menschen in Gruppen zu bestimmten Themen zu versammeln. Die Idee setzte sich durch – nicht nur auf Twitter. Der Hashtag ist mittlerweile zu einem bedeutsamen Symbol auf anderen Plattformen und auch außerhalb des Netzes geworden.

14. Die Frage »Tere, kas sa kuuled mind?« ist estnisch und lautet auf Deutsch: »Hallo, kannst du mich hören?« Sie ist *der erste Satz, der jemals mithilfe des Videotelefonie-Dienstes Skype* übertragen wurde. Skype startete offiziell im Herbst 2003. Der Name leitet sich von der ursprünglichen Idee »Skyper« ab, eine Abkürzung für »Sky peer to peer« (zu Deutsch etwa: »Himmel im Austausch unter Gleichen«). Entwickelt wurde Skype von den Gründern der Filesha-

ring-Plattform KaZaa, dem Schweden Niklas Zenn-
ström und dem Dänen Janus Friis. Die Esten Ahti
Heinla, Priit Kasesalu und Jaan Tallinn haben die Software für Skype geschrieben. Und einer von ihnen soll
im April 2003 den ersten Satz gesagt haben, der jemals
geskypt wurde.

15. *Das erste Werbebanner*, das jemals online gezeigt wurde, erscheint im Oktober 1994 auf der Website hotwire.com.
Es zeigte in regenbogenfarbener Schrift auf schwarzem
Grund die Frage: »Haben Sie jemals mit Ihrer Maus genau hier geklickt?« (Have you ever clicked your mouse
right here?) Dahinter folgte ein Pfeil nach rechts und der
Satz: »Sie werden es tun.« (You will.) Die Werbung war
im Auftrag des Telekommunikationsanbieters AT&T geschaltet worden.

16. Auf Seite sieben der gedruckten Ausgabe der *New York
Times* erscheint am 22. Januar 1996 ein dreispaltiger Artikel mit der Überschrift: »New York Times Introduces a
Web Site«. Darin erklärt Peter H. Lewis, dass seine Zeitung ab sofort unter der Adresse *nytimes.com* im Internet
ist. Damit war sie im Vergleich zu anderen Zeitungen
früh dran, aber sicher nicht die erste Zeitung im Netz.
Laut eigenen Angaben war die erste deutsche Zeitung im
Web die *taz*. Diese schrieb schon am 12. Mai 1995: »Als
erste überregionale Tageszeitung kann man die *taz* im
weltweiten Computerverbund Internet lesen.«

17. *Die ersten drei Facebook-Nutzer* waren keine Menschen. Jedenfalls wurden die ersten drei der sogenannten ID-
Nummern, die in dem sozialen Netzwerk Menschen zugeordnet sind, für Test-Accounts angelegt. Der Nutzer
mit der ID-Nummer 4 ist Mark Zuckerberg.

18. *Der erste Artikel auf Wikipedia* lässt sich nicht mehr zweifelsfrei feststellen. Denn im Rahmen einer Umstellung

der genutzten Software in der Frühphase der Enzyklopädie gingen einige alte Textversionen verloren. Details gibt es in Wikipedia unter dem Titel »Wikipedias ältester Artikel« (Wikipedias oldest article).

19. *Der erste Name* der Suchmaschine Google lautete Back-Rub. So jedenfalls hieß der erste Web-Crawler, den Sergey Brin und Larry Page Mitte der 1990er-Jahre in Stanford entwickelten. Mittlerweile ist die Suchmaschine Teil des »Alphabet« genannten Konzerns, in dem auch zahlreiche weitere Unternehmensteile organisiert sind.

20. »One Dance« hat *als erster Song die Marke von einer Milliarde Streams* auf Spotify gebrochen. Das Lied stammt vom US-Hiphopper Drake und erreichte die Zahl von einer Milliarde Abrufe im Dezember 2016. Der in Schweden gegründete Dienst startete im Oktober 2008 in Skandinavien, Großbritannien, Frankreich und Spanien. Aber auch dort konnte man das Angebot erst einmal nur auf Einladung nutzen. In Deutschland begann Spotify im März 2012. Das Streaming-Angebot ist eine Antwort auf die Tauschbörsen, wo in den Nullerjahren sehr viele MP3s getauscht wurden, ohne dass Künstler und Plattenfirmen dafür entlohnt wurden. Nutzerinnen und Nutzer können Spotify kostenlos mit Werbung oder werbefrei gegen Bezahlung nutzen. Über die Entlohnung der Künstler durch Spotify und andere Streamingdienste gibt es immer wieder Streit – weil auch dort nur sehr geringe Summen für die Musiker übrig bleiben.

21. *Die erste sogenannte Webcam*, die Bilder ins Internet übertrug, stand in Cambridge und zeigte eine Kaffeemaschine. Da es sich nicht um ein statisches Bild handelte, sondern etwa drei Mal pro Minute ein Update erstellt wurde, konnte man verfolgen, wie die Maschine benutzt wird – in einem grauen Bild, das nur 128 x 128 Pixel groß war.

22. *Das erste Bild, das jemals auf Instagram geladen wurde*, zeigt die Hündin Dolly – fotografiert von ihrem Besitzer und Instagram-Gründer Kevin Systrom. Drei Monate bevor der Dienst der Öffentlichkeit zugänglich gemacht wurde, knipste er sie in Mexiko. Im Fotodienst Flickr, der 2004 gegründet und im Jahr 2005 von Yahoo gekauft wurde, ist die erste jemals hochgeladene Datei gar kein Foto, sondern eine Fläche mit den Worten »Test Image«.

23. *Das erste Produkt, das jemals über das Auktionshaus eBay verkauft wurde*, war kaputt. So geht jedenfalls die Legende, die Gründer Pierre Omidyar erzählt. Der Mann, der für weniger als 15 Dollar im Jahr 1995 auf der damals noch AuctionWeb genannten Seite einen kaputten Laserpointer kaufte, sagte Omidyar später, dass er kaputte Laserpointer sammle.

24. Wann das erste Mal jemand im Web gesurft ist, lässt sich nicht genau datieren. Es gibt aber einen recht eindeutigen Beweis dafür, wer *den Begriff des Surfens erstmals verwendet* hat. Es war die Autorin Jean Armour Polly, die 1992 einen Artikel über das Internet verfassen sollte. Als sie einen Titel für den Text suchte, fiel ihr Blick zufällig auf ein Mauspad mit dem Bild eines Surfers, das sie zu der Überschrift »Information Surfer« inspirierte.

Das Internet be-greifen: Die physische Grundstruktur des Internets

tl;dr:

Es gibt einen Unterschied zwischen Internet und World Wide Web. Das Internet ist die zugrunde liegende Infrastruktur, das World Wide Web ist eine Anwendung, die auf dem Internet basiert. Dessen wichtigste Eigenschaft: Es kommt ohne eine zentrale Vermittlungsstelle aus, deshalb nennt man es auch ein dezentrales Netzwerk. Seine wichtigsten Komponenten sind Kabel, Server, Router und die Endgeräte, über die Nutzer sich in das Netzwerk einwählen.

Kurz vor Weihnachten 2017 berichtet die *Washington Post* über eine besondere Form des Internetkriegs. Bei dieser Auseinandersetzung geht es nicht um blinkende Bildschirme und Daten, es geht um einen Kampf auf dem Meeresboden. Dort unten in bis zu 2000 Meter Tiefe liegen nämlich Kabel, die die Grundlage dessen bilden, was wir weiter oben an Land als »Internet« kennen. Diese Unterseekabel, die wir alle ständig nutzen, von denen wir aber kaum etwas wissen, rücken plötzlich ins weltweite Interesse. Denn hochrangige Militärvertreter der NATO, die sich auch um den Schutz der digitalen Infrastruktur kümmert, berichten von Aktivitäten russischer U-Boote in der Nähe der Unterseekabel zwischen Nordamerika und Europa. Wenn es Russland gelänge, die Kabel zu zerstören, so die Sorge der westlichen Militärs, würde dies zu erheblichen Schäden führen. Durch diese Kabel werden internationale Handelsgeschäfte und Telefongespräche abgewickelt – und eben auch der Internetverkehr. Der NATO-Generalsekretär zieht in dem Bericht sogar in Betracht, einen Kommandoposten aus dem Kalten Krieg wieder in Betrieb zu nehmen – um die Tiefseekabel zu schützen.

Das Internet ist nicht nur ein virtueller Raum, sondern in seinem tiefsten Inneren greif- und angreifbar, wenn man so will: ein weltweiter »Kabelsalat«. »Das vorherrschende Bild vom Internet«, so hat der amerikanische Autor Andrew Blum es in seinem gleichnamigen Buch beschrieben: »ist eine Art waberndes elektronisches Sonnensystem, eine kosmische ›Datenwolke‹. Ich habe ein ganzes Regal voller Bücher über das Internet, und auf dem Umschlag prangt bei allen mehr oder weniger das gleiche Bild: ein Knäuel aus schwach leuchtenden Linien, so rätselhaft wie die Milchstraße – oder das menschliche Gehirn. Ja, das Internet als physischen Gegenstand zu betrachten, ist so aus der Mode gekommen, dass wir es kaum mehr als Maschine wahrnehmen, sondern eher als externe Festplatte für unser Gehirn.«[6]

Vielleicht sind die Menschen schon so sehr damit beschäftigt, mit dieser externen Festplatte fürs Gehirn umzugehen, dass sie deren greifbare Basis völlig aus dem Blick verlieren. »Es ist wie mit Sauerstoff«, sagte schon Leonard Kleinrock, einer der Väter des Internetvorläufers Arpanet. »Kein Mensch fragt sich, wo der Sauerstoff herkommt.« Aber anders als beim Sauerstoff gab es eine Zeit, in der die Menschheit ohne das Internet ausgekommen ist – es gibt sogar ein berühmtes T-Shirt-Motiv, auf dem »Ich bin älter als das Internet« zu lesen ist.

Alles, was auf der Vorderseite der Bildschirme und Endgeräte angezeigt wird, scheint stets spannender zu sein als das, was auf der Rückseite passiert. Dort, wo die Verbindung zu den anderen Bildschirmen und Endgeräten hergestellt wird, entdeckt man – hinter Routern, Switches und anderen kleinen und größeren Kästen, die wir noch kennenlernen werden – etwas sehr Banales: Drähte, Stecker und jede Menge Kabel. Das Netzwerk der Netzwerke basiert auf der Verbindung von unzähligen Kabeln, durch die in Bruchteilen von Sekunden mithilfe von Lichtsignalen Informationen verschickt werden. Die besonders leistungsfähigen Kabel, die zum Beispiel auf dem Meeresboden verlegt sind, verwenden Glasfasern, durch die Licht besonders schnell geleitet werden kann. Die Glasfaser ist die kleinste Einheit dieser großen Idee: Das Netzwerk der Netze, das Maschinen und Menschen überall auf der Welt verbindet, besteht im Kern aus Licht – was auch ein wunderbares Bild für Erleuchtung und Aufklärung ist.

Die Glasfasern auf dem Meeresboden bilden die notwendige Voraussetzung für all das, was wir als »Internet« bezeichnen. Ohne diese Glasfasern gäbe es keine Verbindung, keine Mails, keine sozialen Netzwerke, keine Browser, kein Online-Shopping und keine Streamingdienste. Ohne diese Glasfasern wären Smartphones einfach nur Telefone, Fernseher noch Fernseher und Computer Schreibmaschinen mit Bildschirm – und ohne sozialen Anschluss.

Sehr vereinfacht ausgedrückt, bilden die Kabel, die auf dem Meeresboden Daten in Lichtgeschwindigkeit zwischen den Kontinenten hin- und hertransportieren, die unterste Ebene des Internets.

Wenn wir uns das Internet als Reisedestination vorstellen, die man mit einem Verkehrsmittel besuchen kann, dann sind die Glasfaserkabel so was wie der Bahnhof oder Flughafen – unser Ankunftsort am Reiseziel Internet. Von dort geht es wie in einem sehr felsigen Gebirge stets einige Höhenmeter weiter nach oben. Denn das Internet ist wie ein Gebirgsort, der sich den Berg hinauf ausbreitet, in Schichten aufgebaut. Man spricht von Layern, und diese Layer bauen aufeinander auf – insgesamt auf sieben Schichten.

Im Internet angekommen, will ich eine seiner zentralen Funktionen nutzen: die Kommunikation. Ich schicke einen digitalen Brief von München nach Nordamerika, zum Beispiel an einen Kollegen in San Francisco. Dafür nutze ich E-Mail. Dieser Dienst ist tatsächlich eher mit einem Brief zu vergleichen als mit dem Telefon. Denn ein Telefonnetz setzt anders als das Internet auf das Prinzip der Linienvermittlung (Line Switching), um mich mit dem Kollegen in San Francisco zu verbinden. Dabei wird eine feste Linie zwischen dem Absender und dem Empfänger gezogen, und diese Verbindung ist für andere so lange blockiert, wie die beiden in Kontakt stehen. Das Internet setzt dagegen auf das Prinzip der Paketvermittlung (Packet Switching), das man eben eher mit dem Versand eines Briefs über die Post vergleichen kann. Würde ich einen Brief nach San Francisco schicken, gäbe es dafür nicht einen festgelegten Weg, der nur für diesen Brief gewählt wird. Der Brief würde über unterschiedliche Verteilzentren verschickt. Vom Briefkasten in München zum Sortierzentrum nach Augsburg, von dort per Lkw zum Flughafen nach München oder per Bahn nach Frankfurt. Auf ähnliche Weise werden auch Informationen über das Internet übertragen. Es gibt nicht eine feste Linie, um eine Information von einem Punkt A im Netzwerk zu einem

Punkt B zu transportieren. Stattdessen werden Informationen in einzelne Pakete zerlegt, die jeweils mit Absender- und Empfängeradresse versehen werden und getrennt und auf unterschiedlichen Wegen von A nach B durchs Netzwerk reisen können. Die Pakete wählen jeweils die Route, die gerade am besten passt. So wird sichergestellt, dass – sollte eine Verbindung ausfallen – nicht das ganze Netzwerk lahmgelegt wird. Denn es verzichtet auf einen zentralen Knotenpunkt in der Mitte, der alle anderen Teilnehmer miteinander verbindet. Es gibt vielmehr unzählige Verbindungsoptionen, über die Daten verschickt werden können. Das Besondere dabei: Die kleinen Pakete werden unabhängig von ihrem Inhalt alle gleich behandelt. Das meint der Begriff der sogenannten Netzneutralität. Das Netzwerk priorisiert den Versand nicht, es schafft lediglich die Verbindung.

Damit diese Form der dezentralen Paketvermittlung gelingen kann, braucht es wie beim Transport mit der Post Regeln. Man muss sich zum Beispiel darauf einigen, in welcher Weise man eine Adresse auf einen Umschlag schreibt. Diese Regeln nennt man im Internet Protokolle. Der Begriff lehnt sich an das diplomatische Protokoll an, das bei Staatsempfängen zum Beispiel die Kleider- oder Sitzordnung regelt. Protokolle im digitalen Raum kann man sich als gemeinsame Grammatik vorstellen, die zwischen den sehr unterschiedlichen Endgeräten und Systemen eine Kommunikation ermöglicht. Für das Internet hat die Protokollsammlung (engl. protocol stack) namens TCP/IP eine zentrale Bedeutung. Man kann sie sich wie zwei Umschläge vorstellen, die auf zwei unterschiedlichen Ebenen des eingangs zitierten Schichtenmodells arbeiten. Da ist zunächst die sogenannte IP-Ebene (der zweite Teil des TCP/IP), sie kümmert sich um die Adressierung des Umschlags und kennt den Absender. In diesen Umschlag wird ein zweiter Umschlag gesteckt, der die TCP

(Transmission Control Protocol)-Ebene bedient. Nehmen wir an, ich würde ein Buch nach San Francisco verschicken wollen, dann wäre die TCP-Aufgabe, dieses Buch in kleine Datenpakete zu zerreißen und diese in einzelnen Umschlägen zu verpacken, die jeweils einen eigenen Weg von München nach San Francisco nehmen können. Das TCP-Protokoll regelt aber nicht nur das Zerreißen des Buches, sondern auch das Zusammensetzen auf der anderen Seite. Da alle Datenpakete nummeriert und mit Absender und Empfänger versehen sind, kann TCP dies gewährleisten. Wenn ein Paket fehlt, kümmert sich das TCP-Protokoll darum, dass dieser Teil erneut gesendet wird. Anschließend setzt es alle Teile wieder zusammen und übermittelt sie.

Dabei sind wir im Bild des Gebirgsdorfes auf der Ebene der TCP-Schicht, dem sogenannten Transport-Layer, darüber beginnen die Stadtteile, die für den Menschen sichtbar sind. Sie bestehen aus der Sitzungs-, der Darstellungs- und der Anwendungsschicht. Hier wird sozusagen fürs menschliche Auge der Briefumschlag geöffnet, hier findet der Austausch statt, bei dem die zu übertragenden Informationen an die darunterliegenden Schichten weitergegeben werden.

Wie bei der Ankunft bereits erwähnt, ist der unterste Stadtteil des Bergdorfs für den Transport zuständig. Hier fahren die Laster der Post, die die Briefe transportieren. Im Internet ist der Transport aber viel filigraner, er läuft über eine Faser, die dünner ist als ein menschliches Haar und in sehr hoher Geschwindigkeit Lichtimpulse auch über weite Distanzen übertragen kann. Die Rede ist von den schon zitierten Glasfasern.

Es lohnt sich, kurz in diesem Stadtteil unserer Reisedestination zu verweilen, weil die Glasfaser nicht nur die unterste Ebene des Internets bildet, sondern auch Auslöser zahlreicher Debatten über das Internet ist. Der Begriff Breitband- oder Glasfaserausbau führt immer wieder zu politischen Debatten, und wenn man schon mal hier ist, sollte man sich diesen Aspekt der Reisedestination Internet nicht entgehen lassen.

Technisch nutzt die Glasfaser statt der Elektroströme, die in Kupferleitungen übertragen werden, das Licht zur Übertragung elektromagnetischer Strahlung. Es werden also Protonen gesendet, nicht wie bei den älteren auch heute noch üblichen Kupferkabeln Elektronen. Deshalb ist die Übertragung über Glasfaserkabel schneller als über gewöhnliche Kupferleitungen – was auch daran liegt, dass die auch Lichtwellenleiter genannten Fasern strapazierfähiger sind als Kupfer. Sie lassen sich von Wasser oder anderen elektrischen Kabeln nicht stören. Sie dürfen nur nicht zu sehr gebogen werden, weil sie sonst brechen. Wenn das passiert, müssen die Fasern wieder neu miteinander verbunden werden.

In den Unterseekabeln kommen ausschließlich Glasfasern zum Einsatz, weil nur sie längere Distanzen überbrücken können. Dafür sind Kupferkabel gänzlich ungeeignet. Sie sind zwar deutlich günstiger, können aber nur Distanzen von bis zu einhundert Metern überbrücken. Zudem müssen sie in deutlichem Abstand zu anderen Stromkabeln verlegt werden, weil sie störanfälliger sind und stärker auf Temperaturschwankungen reagieren. Aber auch mit Kupferkabeln lassen sich höhere Datengeschwindigkeiten erreichen – weshalb die Deutsche Telekom die älteren Kupferkabel aufrüsten lässt, statt neue Glasfaserkabel verlegen zu lassen; das Projekt trägt den Namen »Vectoring«. Vor allem für die »letzte Meile«, die Verbindung vom Endkunden bis zum nächsten Netzknotenpunkt, soll diese Form der Kanalkodierung zum Einsatz kommen. Ziel des Vectorings ist es, das sogenannte Übersprechen zu minimieren, also Störungen benachbarter Leitungen zu reduzieren und dadurch die Datenübertragung im alten Kupferkabel zu verbessern.

Über die Frage, wie schnell in Deutschland Glasfaserkabel verlegt werden, gibt es eine kontroverse und andauernde Diskussion, die unter dem Schlagwort Breitbandausbau geführt wird und die ich hier nicht vollständig abbilden kann – der Begriff Breitband steht dabei für besonders hohe Datenübertragungsraten. Der schleppende Ausbau des Glasfasernetzes wird von Experten jedenfalls als großes Problem angesehen, sodass einige sich mittlerweile mehr vom Ausbau eines leistungsstarken Mobilfunknetzes versprechen. Der aktuelle Standard (LTE) soll künftig durch das sogenannte 5G-Netz abgelöst werden.

Die Verbindung der Mobilfunkmasten basiert am Ende aber ebenfalls auf der oben skizzierten Kabelinfrastruktur. Dass diese bedeutsam ist, hatte Anfang der 1980er-Jahre schon die sozialliberale Bundesregierung unter Helmut Schmidt erkannt und einen flächendeckenden Glasfaserausbau angestrebt. Der damalige Bundespostminister Kurt Gscheidle (SPD) hatte einen Plan für die Jahre 1985–2015 entwickelt, der vorsah, Glasfasern im gesamten Bundesgebiet verlegen zu lassen. Mit dem Ende der sozial-liberalen Koalition wurde dieser Plan zu den Akten gelegt (im Bundesarchiv kann das Protokoll der entsprechenden Kabinettssitzung unter dem Aktenzeichen B 136/51074 nachgelesen werden). Die folgende Regierung unter Helmut Kohl (CDU) machte sich stattdessen für die Einführung des Privatfernsehens stark. Das Verlegen leistungsstarker Lichtwellenleiter wurde damals gestoppt.

Wie man heute – über 30 Jahre später – den Ausbau der digitalen Infrastruktur vorantreiben kann, ist ein großes politisches Streitthema.[7] Es handelt vor allem von der Frage, wie man die Infrastrukturanbieter dazu bekommt, die hohen

Investitionen in den Glasfaserausbau zu tätigen. Die Bundeszentrale für politische Bildung befasste sich Ende 2017 in einem ausführlichen Text mit Optionen, wie man den Breitbandausbau beschleunigen könnte, und kam zu dem Schluss: »Man muss nun die Netze und Internetanschlüsse nicht gleich in staatliche Hand überführen. Es gibt sogar schon aus Provider-Kreisen den Vorschlag, eine deutsche Netzgesellschaft zu gründen, in die alle Provider, Backbone-Carrier und lokalen Netzgesellschaften ihre Netzinfrastruktur überführen. Diese Netzgesellschaft wäre dafür zuständig, die Netze zu unterhalten und dafür zu sorgen, dass die Daten aller Anwender diskriminierungsfrei transportiert werden – unabhängig davon, bei welchem Provider oder welcher Netzgesellschaft sie Kunde sind.«[8]

Um nun zu verstehen, wie die Mail, die ich in München schreibe, nach San Francisco gelangt, verlasse ich die politische Debatte im untersten Bergdorf und verfolge noch mal den digitalen Brief, den ich nach San Francisco schicken möchte. Daran – und an dem Grundprinzip des Netzwerks – sind vier Akteure beteiligt, die von zentraler Bedeutung für das Internet sind: Kabel, Server, Router und Endgeräte. Bei der traditionellen Post wären die Glasfaserkabel auf der untersten Ebene so etwas wie die Lkw und Transporter, mit deren Hilfe die Briefe transportiert werden. Die Router (engl. für »Lotse«) entsprechen den Verteilzentren der Post, sie schicken die Daten jeweils auf Teilstrecken, bis sie erneut auf Router treffen. Der Server (engl. für »Diener«) schließlich ist der Briefkasten, in den und aus dem Absender und Empfänger (also die Endgeräte) den Brief stecken und herausnehmen. Geregelt wird all dies über die sogenannten Protokolle.

Die Kommunikation dieser Akteure basiert auf der grundlegenden Idee des »Client-Server-Modells«. Dem Diener

(Server) kommt dabei die Aufgabe zu, Informationen bereit-
zuhalten. Einen solchen Server kann man sich wie einen
Computer ohne Bildschirm vorstellen, der vor allem Daten
speichert – und für die Kommunikation mit Kunden (engl.
clients) bereithält. Häufig werden Server in Schränken, sogenannten Racks, gestapelt, die wiederum so zahlreich sind,
dass man von Serverfarmen spricht und zum Vergleich mit
Fußballfeldern greift, um ihre Größe zu beschreiben. Auf
diesen Servern lagern Informationen, auf die die Kunden zugreifen können. Der Begriff »Information« beschreibt dabei
jegliche Form digitaler Inhalte – also Videos, Audiodateien,
Dokumente, Programme, Bilder und vieles mehr. Um diese
Informationen verwenden zu können, nutzen Client und Server sogenannte Dienste, die nach bestimmten Regeln funk-
tionieren. Die bekanntesten Internetdienste sind das World
Wide Web (WWW), das mithilfe von Browsern genutzt werden kann, der FTP-Dienst, mit dessen Hilfe der Up- und
Download von Daten möglich gemacht wird, und der E-Mail-
Dienst, über den »elektronische Post« verschickt werden kann.
Es gibt aber auch Dienste, die für die Nutzer kaum sichtbar
sind, weil sie nur von den Computern verwendet werden.
Dazu zählt zum Beispiel der DNS-Dienst (Domain Name
Service), mit dessen Hilfe ermittelt wird, welcher Rechner
sich hinter einem Internetnamen verbirgt: DNS übersetzt
also Ziffern in für Menschen leichter lesbare Begriffe und
Namen. Wer sich mit Büchern auskennt, kann sich diesen
Vorgang am ehesten wie eine ISBN vorstellen: Maschinen
erkennen Bücher an diesen langen Nummern, während
Menschen sich leichter Buchtitel merken. DNS würde also
die ISBN 978-3-492-27699-3 in *Gebrauchsanweisung für das
Internet* übersetzen.

Auch meine Mail wird auf diesem Weg und nach diesen
Prinzipien von München nach San Francisco transportiert.

Doch anders als eine analoge Postkarte, die immer nur an einem Ort sein kann, wird meine Mail nicht wirklich von München nach San Francisco getragen, sondern kopiert. Das Kopieren ist in der Reisedestination Internet sozusagen der verbindende gemeinsame Code, die grundlegende Kulturtechnik. Sie ist von zentraler Bedeutung für einen Großteil der vor allem kulturellen Veränderungen, die durch das Internet hervorgerufen wurden. Informationen werden dadurch von ihrem Träger gelöst und nahezu kostenfrei duplizierbar. Tradierte Geschäftsmodelle und unsere Vorstellungen von Original und Originalität werden dadurch infrage gestellt. Vorlage und Vervielfältigung sind im Digitalen nicht mehr zu unterscheiden – jedenfalls nicht durch ihren Inhalt. Nicht nur deshalb hat der US-amerikanische Autor Kevin Kelly das Internet mal sehr treffend als Kopiermaschine bezeichnet. Denn Datentransfer heißt im Internet immer Datenkopie.

Damit dieser Transfer möglich wird, benötigt es die oben erwähnten Lotsen, die das sogenannte Routing der Daten übernehmen, also Wegstrecken bestimmen, über die Daten kopiert, also geführt werden. Deshalb haben die meisten Internetnutzer genauso ein Gerät in ihrer Wohnung. Der Router ist ihr Lotse ins Internet – und der Anschluss an die schon besprochenen Kabel, die aus vielen einzelnen Netzwerken das Internet machen.

Router gibt es in sehr unterschiedlicher Form und Ausprägung. Neben denen, die man aus dem Hausgebrauch kennt, gibt es auch sogenannte Backbone-Router, die in Rechenzentren zum Einsatz kommen, um sehr große Datenmengen zu lotsen. Der weltweit größte dieser Internetknotenpunkte befindet sich übrigens in Deutschland. Es ist der DE-CIX in Frankfurt, was für »Deutscher Commercial Internet Exchange« steht.

Der Router, der hinter Ihrem Computer oder in Ihrem Wohnzimmer steht, stammt vermutlich von Ihrem Internet-Service-Provider (ISP). So nennt man die Anbieter, die Ihnen den Zugang zum Internet gewähren. Das sind meistens die großen Telekommunikationsfirmen wie Vodafone oder Telekom. Der Router ist der Lotse, über den Daten ins Netz eingespeist und herausgeführt werden. Das geschieht stets in Datenpaketen. Soll zum Beispiel eine Mail von einem Server abgerufen werden, verpackt der Client die Anfrage in das für die Mailkommunikation zuständige Protokoll (POP).

Bei alldem gilt es zu bedenken: Das Internet ist keine Einbahnstraße, sondern ein Netzwerk. Jeder, der sich mit diesem Netzwerk verbindet, ist Teil davon. Anders als bei einem terrestrischen Fernsehprogramm, das quasi nur abgeworfen wird und seine Empfänger nicht kennt, gibt es hier rein technisch einen Rückkanal. Wenn Sie also »im Internet« sind, heißt das vor allem: Sie sind drin, Sie sind Teil des Netzwerks. Sie sind also nicht mehr einzig passiver Empfänger, sondern gleichzeitig auch selbst Sender. Ihr Computer ist als Teil des Netzwerks erkenn- und erreichbar und kommuniziert mit anderen Computern.

Möglich wird dies über die sogenannte IP-Adresse, die uns zu einem der wichtigsten Protokolle im Internet führt, anhand dessen man erklären kann, wie aus den eingangs erwähnten vier Bestandteilen (Kabel, Server, Router, Endgerät) die Internetnutzung wird. Die IP-Adresse verdankt ihren Namen dem Internetprotokoll, und jedes Gerät, das mit dem Internet verbunden ist, erhält eine solche IP-Adresse. Weil aber immer mehr Geräte ins Internet kommen, fehlen absehbar IP-Adressen. Deshalb wurde der bisher gängige IPv4-Standard erweitert – zum IPv6-Standard, der viel mehr Geräten den Zugang zum Netz ermöglicht.

Man unterscheidet zwischen öffentlichen und privaten IP-Adressen – wobei öffentliche jene sind, die nach außen sichtbar werden, und private IP-Adressen die, die innerhalb eines Netzwerks genutzt werden. Eine solche private IP-Adresse haben Sie ganz sicher schon mal gesehen. Sie könnte nach dem IPv4-Standard zum Beispiel so lauten: 192.168.13.10. Viele Endgeräte innerhalb eines privaten Netzwerks (also etwa in Ihrem WLAN zu Hause) verfügen intern über diese IP-Adresse. Ihr Smartphone verbindet sich über eine sehr ähnliche IP-Adresse mit Ihrem Router, sie unterscheidet sich nur durch die letzte Ziffer. Dort nämlich ist der sogenannte Host vermerkt, also das Endgerät, das ins Internet will. Außerhalb des privaten Netzwerks – also im Internet – muss der Router diese IP-Adressen in eine öffentliche Adresse umwandeln. Diesen Prozess nennt man Masquerading oder Network Address Translation (NAT). Es gibt mehrere Gründe für diesen Prozess: Zum einen besteht im Masquerading ein gewisser Schutz für kleinere private Netzwerke. Zum Zweiten sind mittlerweile so viele Endgeräte mit dem Internet verbunden, dass die IP-Adressen knapp werden. Der Internet-Service-Provider teilt Ihnen deshalb nur zeitweilig eine öffentliche IP-Adresse mit, unter der Ihr Endgerät für die Dauer, die Sie damit online sind, mit dem Internet verbunden ist. Da sich die IP-Adresse bei der nächsten Verbindung ändern kann, spricht man von einer dynamischen Vergabe von IP-Adressen. Deshalb ist es nicht immer zweifelsfrei möglich, herauszufinden, unter welcher IP-Adresse Sie im Web surfen.

Wenn Sie Ihre eigene IP-Adresse anschauen wollen, können Sie zum Beispiel unter utrace.de im Webbrowser sehen, wie diese rückverfolgbar ist – und welche Informationen sie über Sie preisgibt. Der Weg führt dabei in umgekehrter Richtung über die Lotsen zu Ihrem Internet-Service-Provider, über den zumindest die Stadt lokalisierbar ist, in der Sie sich mit dem Internet verbunden haben. Je näher Sie an einem Einwahlknoten wohnen, umso genauer ist die Ortsangabe. In großen Städten ist sie deshalb häufig genauer als auf dem Land. Ortungsdienste und das sogenannte Geoblocking basieren auf diesen Informationen – und verhindern zum Beispiel Nutzern mit einer irischen IP-Adresse den Zugang auf die Bundesliga-Bilder auf sportschau.de, die zwar »im Internet« zugänglich sind, aber nur für IP-Adressen, die aus Deutschland kommen. Manche Nutzer verwenden deshalb Dienste, mit deren Hilfe man unter fremder Flagge segeln kann. So lässt sich Geoblocking umgehen, und man kann als Nutzer seine Herkunft verschleiern.

Die IP-Adressen heißen so, weil sie sich auf das Internet Protocol beziehen. Dieses gehört zur Familie der wichtigsten Protokolle im Internet – zum schon erwähnten TCP/IP. Diese beiden Protokolle haben eine entscheidende Bedeutung für die Struktur des Internets. Das Transmission Control Protocol (TCP) wird gleich von mehreren Internetdiensten genutzt – wie zum Beispiel WWW, Mail und File-Transfer. TCP/IP bezieht sich auf mehrere Ebenen (Layer) der Internetkommunikation. Wir haben diese Schichten weiter oben bereits kennengelernt. Das Transmission Control Protocol regelt vor allem den Versand von Datenpaketen. Es zählt zu den verbindungsorientierten Protokollen, das heißt, es muss erst die beiden Kommunikationspartner verbinden. Diese Versicherung ist notwendig, um sicherzustellen, dass die Datenpakete tatsächlich und vollständig übertragen wurden. Dafür zerlegt TCP die Informationen in sogenannte TCP-Segmente, die jeweils mit einem sogenannten Header verpackt werden. Der Header (im oben erwähnten Bild also der Umschlag) erhält zusätzliche Informationen über den

Absender und das Ziel des Datenpakets (Source und Destination Port) und kümmert sich wie die Adressierung auf einem Briefumschlag um die Verbindung. Diesen Prozess im Rahmen des TCP-Protokolls nennt man den Three-Way-Handshake, eine dreistufige Bestätigung zwischen Client und Server. Dieser Austausch findet auf der Transportschicht im oben beschriebenen Schichtenmodell statt.

Auf einer Ebene darunter – auf der Internetebene – regelt das IP-Protokoll den Austausch. Dies ist etwas weniger genau, weil das IP-Protokoll verbindungslos ist – also keine Übertragungsgarantie liefert, sondern die Datenpakete übermittelt. Sehr vereinfacht lässt sich auf diese Art die Funktionsweise des zentralen Protokoll-Stapels TCP/IP zusammenfassen. Sie bildet sozusagen die Grammatik, auf deren Basis all die unterschiedlichen Gerätetypen miteinander sprechen und Aufgaben ausführen können. Erfunden wurde der Protocol Stack von Bob Kahn und Vint Cerf, die dafür unter anderem mit der Freiheitsmedaille des US-Präsidenten ausgezeichnet wurden. TCP/IP ist protokollseitig das Herzstück dessen, was wir Internet nennen. Auf ihm basiert die Grundstruktur des greifbaren Internets, also die Verbindung zwischen den Komponenten Kabel, Server, Router und Endgerät. Das Netzwerk, das sie bilden, wird über das Prinzip der Paketvermittlung (Packet Switching) hergestellt. Das Besondere dabei: diese Pakte werden unabhängig von ihrem Inhalt alle gleichbehandelt. Das Prinzip der Netzneutralität haben wir bereits kennengelernt. Das Netzwerk ist sozusagen dumm, es schafft lediglich die Verbindung. Über dieses Grundprinzip der Netzneutralität ist in den vergangenen Jahren ein Streit ausgebrochen, weil einige Kritiker sie gerne aufweichen würden. Dabei spielen vor allem finanzielle Aspekte eine Rolle. In unserem Zusammenhang lässt sich aber festhalten: Die Netzneutralität ist Bestandteil der paketvermittelten Kommunikation im Internet, die durch das TCP/IP-Protokoll ermöglicht wird – und die ihm das Image gegeben haben, es sei quasi unzerstörbar.

Zur Frage, wie angreifbar seine Strukturen sind, bietet sich ein Vergleich an, den der Berliner Wirtschaftsinformatiker Benjamin Fabian in einem Zeitungsartikel gewählt hat. Er vergleicht das Internet mit dem Florenz der Renaissance: »Die einflussreichsten Familien, wie die Medici, waren nicht die größten und wohlhabendsten, sondern die, die zentral an den Kommunikationsflüssen lagen.«[9] Die Medici des Internets sind demnach die großen Knotenpunkte – wie der oben erwähnte DE-CIX. Wer sie angreift oder lahmlegt, kann die Verteilung von Daten stoppen – zumindest jeweils in dem Bereich, der von diesen Datendrehkreuzen versorgt wird. Dass dies auch zufällig geschehen kann, erlebten – wie im Kapitel zum Internetjahr nachzulesen – 3,2 Millionen Armenierinnen und Armenier im März 2011. Da ein Großteil des Internet-Traffic des Landes über Georgien läuft, hatte das Eingreifen einer 75-Jährigen, die auf der Suche nach Altmetall war, fatale Folgen. Die Frau, berichten Nachrichtenagenturen, verwechselte ein Glasfaserkabel, das sie im Wald ausgegraben hatte, mit Metallresten. Sie durchtrennte das Kabel, in der Annahme, dieses zu Geld machen zu können. Damit stoppte sie den Datenfluss und schnitt Armenien für zwölf Stunden von der Internetanbindung ab.

Geschieht ein solcher Angriff mit Absicht, spricht man von einem sogenannten »Killswitch«. So nennt man das Abschalten bestimmter Bereiche des Netzes (ohne dass dafür Leitungen durchtrennt werden). Im Sommer 2016 ließ die irakische Regierung zentrale Knotenpunkte des Landes abschalten – um Betrugsversuche bei landesweiten Schulprüfungen zu unterbinden. Dazu ließ sie im ganzen Land das Netz herunterfahren. Die Nichtregierungsorganisation Access Now kritisierte dieses Vorgehen damals scharf als völlig unverhältnismäßig.

Denn die Architektur des Netzwerks Internet ist genau darauf ausgelegt, den Zugang zu Informationen auch dann aufrechtzuerhalten, wenn einzelne Komponenten ausfallen. Schon Mitte der 1980er-Jahre formulierten die Internet-Architekten David Clark, Jerry Saltzer und David Reed sieben Anforderungen an die Internetkommunikation, die der Forscher David Isenberg Mitte der 1990er-Jahre genauer beschrieb. Isenbergs Text trug den Titel »Der Aufstieg des dummen Netzwerks« und erläuterte, dass das Netzwerk in der Mitte dumm sein soll und seinen Wert aus den vielen klugen Nutzern drum herum schöpft. Die Anforderungen, die Clark, Saltzer und Reed aufstellten, gelten im Kern noch heute. Sie lauten:

1. Die Internetkommunikation soll auch dann fortbestehen, wenn einzelne Verbindungen unterbrochen werden.
2. Das Internet soll sehr unterschiedliche Arten von Kommunikations-Diensten unterstützen.
3. Die Internet-Architektur soll sehr unterschiedliche Netzwerke verbinden können.
4. Die Internet-Architektur soll eine verteilte Verwaltung ihrer Ressourcen ermöglichen.
5. Die Internet-Architektur soll kosteneffizient sein.
6. Die Internet-Architektur soll es ermöglichen, dass Endgeräte sich mit geringem Aufwand anschließen können.
7. Die Ressourcen, die im Internet genutzt werden, sollen benennbar sein.

Gerade weil das Netz in seiner Struktur so offen angelegt ist, konnte es sich so rasant verbreiten. Einer der beiden Erfinder dieses Protokolls, der US-Amerikaner Bob Kahn, kommt in dem Film *Wovon träumt das Internet?* zu dem Schluss: »Keine Technologie in der Geschichte der Menschheit hat sich je derart rasant entwickelt.«

Ich verzichte darauf, dies hier mit Zahlenkolonnen zu belegen, weil es sich mit diesen ähnlich verhält wie mit den anfangs zitierten Büchern über das Internet: Sie wirken schon überholt, wenn man sie notiert. Es gilt jedoch eine Faustregel, die nach dem Wissenschaftler Gordon Moore als »Mooresches Gesetz« benannt wurde. Sie besagt, dass die Speicherfähigkeit von Microchips sich alle zwölf bis 24 Monate verdoppelt. Diese Entwicklung hatte beschleunigenden Einfluss auf die rasante Verbreitung des Internets: 1993 bestand das Web aus 130 Rechnern, fünf Jahre später war die Zahl der verbundenen Geräte bereits auf 36,7 Millionen Computer angestiegen. Und das war 1998 – da galt das Internet vielen noch als Spielerei für Computer-Nerds. Zu Beginn des Jahres 2018 ermittelte eine Studie, dass mehr als die Hälfte der Weltbevölkerung das Internet nutzt. Erstmals sei die Anzahl der Internetnutzer über vier Milliarden gestiegen, verkündete die Agentur We are social gemeinsam mit dem Social-Media-Dienst Hootsuite. Auch die Zahlen aus Deutschland bestätigen diese Entwicklung. Eine Studie im Auftrag des Bundeswirtschaftsministeriums ermittelte im Januar 2018: Vier von fünf Deutschen sind online. Wer diese Zahlen auf Endgeräte hochrechnen möchte, sollte wissen, dass es in Deutschland mittlerweile mehr Smartphone-Anschlüsse als Einwohner gibt. Denn das Internet wird mobil – weltweit besaßen Anfang 2018 über 200 Millionen Menschen ein Smartphone.

Ich geh da mal eben ran: Ein kurzes Kapitel über Smartphones und mobiles Internet

tl;dr:

»Mobile first« lautet die Devise, die aus dem früher mit dem stationären Computer verbundenen Netzwerk eine überall verfügbare Quelle macht. »Mobil« bedeutet dabei nicht zwingend, dass ein Mobiltelefon zum Einsatz kommt – das Internet wird absehbar auch andere Geräte verbinden.

»One more thing« – diese drei Worte werden dem verstorbenen Apple-Chef Steve Jobs zugeschrieben, als Ausdruck einer perfekten Präsentationstechnik, die ganz am Ende immer noch eine Überraschung bereithält. So auch im Jahr 2007, als er das erste iPhone vorstellte. Doch Jobs Auftritt vor der gläubigen Fangemeinde war keine reine Produktpräsentation. Es war auch eine kleine Geschichtsstunde über die Frage der besten Bedienbarkeit von Minicomputern. Denn Apple war nicht die erste Firma, die ein Smartphone auf den Markt brachte. Jobs verschweigt das in seiner Präsentation auch gar nicht, doch er führt genüsslich aus, wie schlecht die bis dahin verwendeten Eingabegeräte für Computer waren. Und dann stellt er ein Eingabegerät vor, das er schlicht als »das beste Eingabegerät der Welt« ankündigt: den menschlichen Finger. Der sogenannte Touchscreen, die Bedienoberfläche, die man mit dem Finger steuert, war die eigentliche Besonderheit des Minicomputers aus dem Jahr 2007. Steve Jobs leitet die Idee in seiner Präsentation von stationären Computern her, bei denen man Jahre zuvor auch auf die Idee gekommen war, eine grafische Benutzeroberfläche einzuführen und mit einer Maus bedienbar zu machen – einer digitalen Prothese für den Finger sozusagen. Das iPhone machte diese Prothese überflüssig, indem es den menschlichen Finger als Bedienelement massenmarkttauglich machte.

Das Jahr 2007 markiert damit den Durchbruch des iPhones. Den Begriff Smartphone gab es allerdings schon zehn Jahre davor. Die Firma Ericsson verwendet ihn im Jahr 1997 für den GS88-Communicator. Jedoch nicht für das Gerät (Hardware), sondern für ein Programm, das darauf installiert ist (Software). Nicht den Begriff, aber das Prinzip des Smartphones hatte die Firma IBM schon seit 1992 im Blick. Unter der Patentnummer US 5537608 A lässt sie ein Patent für einen »Personal Communicator Apparatus« eintragen, der »anspruchsvolle Rechnerleistung mit Kommunikationsfunktionen« verbinden soll. Zwei Jahre später bringt IBM den »Simon« auf den Markt, ein Telefon mit ausziehbarer Antenne, das große Ähnlichkeit mit den ersten Mobilfunkgeräten hat, die wenige Jahre später auch in Deutschland zu kaufen sind.

Von diesen Anfängen bis zur Gegenwart ist erstaunlich wenig Zeit vergangen: Dennoch ist das Smartphone für viele Menschen kaum mehr aus dem Alltag wegzudenken. Sein Siegeszug folgte dabei einem Prinzip, das man als Hemingways Bewegungsgesetz kennt. Der Begriff geht zurück auf die Erzählung *Fiesta* von Ernest Hemingway. Darin wird u. a. die Geschichte einer finanziellen Pleite erzählt, deren Zustandekommen die betroffene Hauptperson mit den Worten »allmählich und dann plötzlich« beschreibt. Und allmählich und dann plötzlich hat sich auch das Smartphone in unseren Alltag geschlichen: Es übernimmt immer mehr Aufgaben und ist dabei ein ständiger Begleiter geworden.

Wie selbstverständlich ich mich auf seine Dienste verlasse, ist mir unlängst aufgefallen, als ich eine Reise mit dem Verkehrsmittel unternahm, das eine Handynutzung aus Sicherheitsgründen ausschließt. Nein, die Rede ist nicht von einem Flug, denn über den Wolken ist das Smartphone ja erstens mittlerweile häufig sogar erlaubt, und zweitens bezieht sich die Gefahr, die ich meinte, auch nicht auf das Verkehrsmittel, sondern auf das Handy selbst. Dieses trug ich in einem wasserdichten Beutel bei mir, als ich mich auf eine Kanutour begab. Auf dem Wasser und in der ständigen Gefahr zu kentern, traute ich mich nicht mehr, das zu tun, was ich an Land doch recht häufig mache: zum Handy zu greifen – um eine Foto zu machen, das ich dann auf ein soziales Netzwerk lade oder meinen Freunden schicke. Auch die Suche nach einem Restaurant, das in der Nähe liegt, oder ein Blick in das Kinoprogramm im nächsten Ort ist ohne Handy nicht möglich. Deshalb ist es nicht nur für mich (außerhalb des Bootes) zu einem wichtigen Begleiter geworden, auf dessen Dienste ich so gerne zurückgreife, dass eine Akkuladung häufig nicht mal für einen halben Tag ausreicht. Das Smartphone ist mittlerweile – nicht nur für mich – die wichtigste Schnittstelle zum Internet. »Mobile first« lautet die Devise, die viele Website-Anbieter verfolgen. Sie veröffentlichen Webseiten und optimieren diese zunächst für die mobile Nutzung, indem sie sie dem jeweiligen Nutzungskontext (Smartphone, Tablet oder PC) größenskaliert anpassen. Der Fachbegriff dafür lautet »responsive design«.

Auch die großen Anbieter wie Google und Facebook haben auf diese Entwicklung reagiert und versprechen mit Seiten, die auf die mobile Nutzung optimiert sind, schnelleren Zugang. Google nennt dieses Angebot AMP (Accelerated Mobile Pages), bei Facebook trägt ein vergleichbares Angebot den Namen »Instant Articles«. Ziel beider Angebote ist es, den Nutzer im eigenen Angebot zu halten und ihn nicht ins freie Web zu lassen. Dies soll durch geringe Ladezeiten erreicht werden – und wird von vielen Experten als weitere Ausdehnung des Machtbereichs der Konzerne angesehen (siehe GAFAM-Kapitel). Teil dieser Entwicklung sind auch die sogenannten Progressive Web-Apps (PWA), mit deren Hilfe Angebote, die bisher nur über Apps nutzbar waren, auch über den Browser auf dem Smartphone nutzbar sein sollen.

Die mobile Nutzung des Internets wird auf der Ebene der Endgeräte (vormals: Telefone) von zwei großen Systemen bestimmt, hinter denen die Konzerne Apple und Google stehen. Denn die allermeisten Smartphones, die aktuell benutzt werden, verwenden entweder die Software von Apple (iOS) oder die von Google (Android). Beide Anbieter haben mit der Einführung von Apps einen Weg eingeschlagen, der typisch ist für das Internetzeitalter.

Das Besondere daran ist, dass die Apps, die man auf Smartphones nutzen kann, um sich zum Beispiel eine Wettervorhersage oder Sportergebnisse anzeigen zu lassen, nicht vom Hersteller des Smartphones stammen müssen. Für jeden, der heute ein Smartphone nutzt, erscheint dies selbstverständlich. Zu Beginn des Handyzeitalters war dies aber neu und nahezu revolutionär: Apple stellte als erster Anbieter lediglich die Plattform (App-Store) zur Verfügung und bot fremden Anbietern die Möglichkeit, dort Angebote zu platzieren.

Google zog mit seinem Play-Store nach, und so entstanden ganze Ökosysteme an Funktionserweiterungen für das Smartphone. Der App- und der Google-Play-Store sind dabei sehr anschauliche Beispiele für das, was man als Plattform-Kapitalismus bezeichnet. In ihrem Buch *Die Plattform-Revolution* definieren die US-amerikanischen Wirtschaftswissenschaftler Parker, Van Alstyne und Choudary eine Plattform als »ein Geschäftsmodell, das darauf beruht, dass wertschöpfende Interaktionen zwischen externen Anbietern/Erzeugern und Kunden ermöglicht werden«. Diese Form der Interaktion unterscheidet sich von klassischen Modellen. Denn die Plattformen-Betreiber sind im Besitz der Daten und können jederzeit bestimmen, welche Entwicklung ein Angebot nehmen soll. Dieses Prinzip war zuerst im Bereich der Smartphone-Anwendungen zu beobachten und hat sich jetzt aufs ganze Web ausgedehnt, weshalb man von Plattform-Kapitalismus spricht. Der Plattform-Begriff dabei stammt aus der Software-Entwicklung, in der man unter Plattform die Grundtechnologie einer Anwendung versteht. Auch in diesem Fall zeichnet sich die Plattform durch die grundlegende Infrastruktur aus. Dass sie damit zum bestimmenden Akteur wird, liegt am sogenannten Netzwerkeffekt, der dazu führt, dass Plattformen mit vielen Nutzern attraktiver werden.

Neben dem App-Konzept und der damit verbundenen Plattform-Idee ist das mobile Endgerät noch für ein zweites Thema in Bezug auf unsere *Gebrauchsanweisung* von Bedeutung: Denn die Minicomputer sind als Telefone ja darauf angelegt, dass Menschen in sie hineinsprechen. Neu ist, dass sie jetzt auch *mit* den Telefonen sprechen können. Nach dem menschlichen Finger als bestem Eingabegerät der Welt öffnen die Smartphones nun auch die Tür zur menschlichen Stimme als Eingabegerät.

Menschen diktieren schon heute Inhalte in ihr Smartphone und geben diesem gesprochene Anweisungen. Bekannte Beispiele dafür sind die Sprachassistentin Siri auf den Apple-Geräten oder die Aufforderung »Okay, Google« auf Android-Geräten. Die Dienste »Alexa« von Amazon und »Cortana« von Microsoft gehen in die gleiche Richtung. Sprachsteuerung, sagen Fachleute, wird für das Internet der Zukunft ein bedeutsames Thema, denn die Sprache könnte die optischen Bedienoberflächen ergänzen, wenn nicht sogar ersetzen. Auch eine Bedienung über Gesten, die von Kameras und Sensoren in Endgeräten erkannt werden, ist eine absehbare Steuerung von Computern. Im Frühjahr 2018 rief die *New York Times* deshalb gar das Ende des Text-Internets aus – Töne, Bilder und Videos seien so sehr auf dem Vormarsch, dass die Art und Weise, wie viele von uns das Netz bisher kennengelernt haben – nämlich lesend –, verschwinden werde.

Möglich wird all dies, weil die Mobilfunkverbindungen immer besser werden.

Dabei werden Datensignale in hochfrequente elektromagnetische Felder umgewandelt, die vom Handy an die sogenannte Mobilfunkbasisstation gesendet werden. In Innenstädten erkennt man diese häufig daran, dass sie als sehr lange Antennen über Hausdächer hinausragen. Diese Stationen sind am Ende natürlich auch wieder mit den Lichtwellenleitern verbunden. Aber zwischen all den Stationen, die im Land verteilt sind, eröffnen sich wabenartig sogenannte Funkzellen, also Bereiche zwischen den Antennen. In ihnen werden Daten vom Smartphone über Funk übertragen.

Dem Mobilfunk kommt dabei aber nicht nur für die Handynutzung eine wachsende Bedeutung zu. Auch um zum Beispiel in Zügen Internetzugang zu gewährleisten, wird der Mobilfunk genutzt. Dabei werden in allen Wagen, die mit WLAN ausgestattet sind, mithilfe von sehr starken Modems die Mobilfunksignale in WLAN umgewandelt, in das die Zugreisenden sich dann einwählen können.

Wer das Internet wie eine Reisedestination besuchen möchte, findet häufig noch in erster Linie Hinweise auf das, was man am Computer zu Hause macht. Nicht selten wird dabei auch das Modemwahlgeräusch als Signal bemüht. Doch zunehmend ist Internet auch das, was man in der Hosentasche trägt. Mit der wachsenden Mobilität der Netzwerknutzung entstehen weitere Optionen für Endgeräte. Anfangs war mit dem Begriff »tragbarer Computer« ein Laptop gemeint, mittlerweile bezieht sich »tragbar« auch auf Kleidung, die über Funk mit dem Internet verbunden sein kann. Auch Brillen und Uhren werden in diesem Bereich eine bedeutsame Rolle spielen – vermutlich sogar so bedeutsam, dass sie unsere Vorstellung vom Begriff »Endgerät« grundsätzlich verändern werden. Jedenfalls formulierte eine Vertreterin der Telekom im Rahmen der jährlichen Mobilfunkmesse im Frühjahr 2018 in Barcelona die Prognose, dass das Handy, wie wir es heute kennen, in vielen Bereichen von anderen Geräten ersetzt werden wird.

Bin ich schon drin? Anreise und Orientierung am (ortlosen) Ort

tl;dr:

Der Zauber des Web entsteht durch Verlinkung, sie stellt neue Verknüpfungen von Inhalten her und lässt so erst ein buchstäbliches Netz entstehen. Das wissen auch die soge-nannten Suchmaschinen, die es sich zur Aufgabe gemacht haben, möglichst personalisierte Informationen für Nutzer-innen und Nutzer aufzubereiten. Ein wichtiges Hilfsmittel auch dabei: die Verlinkung.

Wer in Deutschland über das Internet schreibt, kommt an zwei geflügelten Worten nicht vorbei: Das erste ist bereits gefallen und stammt aus dem Jahr 2013, damals prägte Angela Merkel unter den Eindrücken der Enthüllungen von Edward Snowden den Satz vom Neuland, das das Internet für uns alle noch sei. Das zweite Zitat ist schon viel älter und bedient ebenfalls eine Ortsmetaphorik. Es stammt vom ehemaligen Tennisprofi Boris Becker, der Anfang der Nullerjahre Werbung für einen Internetzugang über AOL machte. In diesem Werbespot staunt Boris Becker ungläubig: »Bin ich schon drin?«

Mittlerweile wissen wir, was »da drin« alles passiert und wie sich der anfangs unbekannte Kontinent zu ausgedehnten Reisen nutzen lässt. Um das zu verstehen, muss man die virtuelle Tür zum Web öffnen und mit seinem Endgerät eintreten. Werner Herzog hat dies in seinem Dokumentarfilm *Wovon träumt das Internet?* so in Szene gesetzt: Leonard Kleinrock betritt mit viel Schwung und einer Menge Pathos in der Stimme den Raum 3420 der University of California in Los Angeles und heißt die Zuschauer willkommen: »Willkommen in einem ganz besonderen Raum. Wir betreten eine Art Heiligtum. Hier nahm das Internet seinen Anfang.«

Hinter der Tür befindet sich eines der ersten Endgeräte des Internets: der IMP – der »Interface Message Processor«, ein Computer vom Typ Honeywell DDP-516, der Ende der 1960er-Jahre als Minicomputer galt. Der IMP kam per Luftfracht aus Cambridge nach Los Angeles und wog 400 Kilogramm. Absender war die Firma Bolt Beranek and Newman. Das war nicht nur der Arbeitgeber von Ray Tomlinson, dem Erfinder des @-Zeichens, der wenige Jahre später die erste E-Mail verschicken sollte (siehe Kapitel »Sie haben Post«): Bolt Beranek and Newman war vor allem die Firma, die vom US-Verteidigungsministerium den Auftrag erhielt, das sogenannte Arpanet zu entwickeln. So steht es auf der Vorderseite des schrankgroßen IMP: »Entwickelt für die ›Advanced Research Projects Agency‹«. Das Arpanet lieferte die technische Grundlage für das heutige Internet: die paketvermittelte Kommunikation ohne einen zentralen Knotenpunkt, die wir im vorherigen Kapitel kennengelernt haben. Im Film zieht Kleinrock einen Notizblock aus dem Regal, auf dem die erste Kommunikation über den IMP und über das Arpanet handschriftlich notiert ist. »Es war fast wie damals, als der Mann auf Kolumbus' Schiff im Ausguck Land sah und darüber einen Eintrag machte. Die Bedeutung dieser beiden Dokumente ist zumindest gleichwertig.«

Der neue Kontinent, der damals im Oktober 1969 vom Raum 3420 der UCLA aus erspäht wurde, ist auch die Reisedestination, der sich dieses Buch widmet. Ganz zu Beginn bestand er aus vier Rechnern, die über das Arpanet verbunden waren. Sie standen im Standford Research Institute, an der Universität in Utah, an der in Santa Barbara und im Raum 3420 an der UCLA.

Und weil das Internet auf dem vom Verteidigungsministerium finanzierten Arpanet beruht, wird häufig gesagt, das Internet sei eine Erfindung des Militärs, das mit dem Ziel entwickelt worden sei, einen Atomangriff zu überstehen. Als Beleg für diese Perspektive wird einerseits die hohe Ausfallsicherheit durch die dezentrale Paketvermittlung angeführt und andererseits die Tatsache, dass die Finanzierung der Forschung, an deren Ende das Arpanet stand, als direkte Antwort der US-Regierung auf Sputnik 1 verstanden werden kann. Unter diesem Namen schickte die Sowjetunion im Oktober 1957 den ersten Satelliten ins Weltall.

Es gibt allerdings durchaus Zweifel an dieser Perspektive des Wettrüstens, die das Internet als rein militärisches Produkt ansieht. Der Technikjournalist Günter Hack analysiert in einem historischen Abriss für die Zeitschrift *Merkur*, dass die Forschung über paketvermittelte Kommunikation zwar von der ARPA als einer Agentur des Verteidigungsministeriums angestoßen und gefördert wurde, aber ausdrücklich als Grundlagenforschung auf dem Gebiet der Mensch-Maschine-Interaktion, nicht um die militärische Kommunikation im Fall eines Atomkriegs aufrechterhalten zu können. Das Netz sei mit den Mitteln aus dem Militärbudget entwickelt und auch von diesem eingesetzt worden, aber eben nicht zuvorderst zu diesem Zweck. Hack kommt zu dem Schluss, der uns auch im Folgenden leiten soll: »Das Internet ist aber nicht der ureigenste Turf des Militärs und der Geheimdienste, es ist Infrastruktur und Produktionsmittel zugleich, Ergebnis langer, harter Arbeit verantwortungsbewusster Experten, ein Gemeingut höchster Ingenieurskultur, das von Staat und Wirtschaft in deren eigenem Interesse sorgsam behandelt werden muss.«[10]

Das Internet ist Infrastruktur und Produktionsmittel zugleich – und ein Reiseort, der den allermeisten Menschen frei zugänglich ist. Sie öffnen Ihren Browser und beginnen Ihre Reise durch das Web mit einem »http«. Diese vier Buchstaben sind der Hinweis darauf, dass Sie sich im Web befinden. Die Abkürzung HTTP steht für Hyper Text Transmission Protocol und ist ein weiteres der sogenannten Protokolle. Wenn wir uns die Schichten wie oben beschrieben noch mal als Gebirgsdorf vorstellen, befinden wir uns hier schon ziemlich nah am Gipfel: auf der Anwendungsebene. HTTP ist für die Übertragung von Webseiten zuständig.

Der Hypertext, der sich in der Vier-Buchstaben-Abkürzung an zentraler Stelle versteckt, unterscheidet sich von dem Text, den Sie gerade vor sich haben, durch zwei bedeutsame Eigenschaften: Er ist erstens nicht zwingend linear (also in strikter Folge) aufgebaut und verwendet zweitens sogenannte Hyperlinks – also Verknüpfungen und Verweise auf andere Stellen. Will man den Zauber des World Wide Web verstehen, muss man hier ansetzen: beim Link, wie man den Hyperlink verkürzend nennt.

Wenn die Grundidee des Internets das Glasfaserkabel ist, dann ist die Grundidee des Web der Link. Er bildet den Kern dessen, was Tim Berners-Lee mit dem World Wide Web schaffen wollte: »Das Projekt basiert auf der Idee, dass das meiste akademische Wissen frei zugänglich sein sollte für jeden.«[11] So steht es auf der ersten Website, die Berners-Lee veröffentlichte. Dieses Ziel wollte er erreichen, indem alle Informationen miteinander in Verbindung gebracht werden konnten. Um dies zu ermöglichen, wollte er eine »gemeinsame Basis für die Kommunikation schaffen, während jedes System seine Eigenheiten behalten kann. Genau darum geht es in meinem Konzept, und globaler Hypertext wird dies ermöglichen.« Im März 1989 schrieb Berners-Lee dafür einen Förderantrag im CERN. Für die erste Phase des Projekts beantragte er zwei Mitarbeiter, die ihn für sechs bis zwölf Monate unterstützten. Seine Vision beschrieb er folgendermaßen: »Stellen Sie sich vor, dass Sie ein riesiges dreidimensionales Modell erstellen, in dem Personen durch kleine Kugeln repräsentiert würden und Fäden zwischen denjenigen Personen verspannt wären, deren Arbeit irgendetwas miteinander zu tun hat. Stellen Sie sich nun vor, wie Sie die Struktur in die Hand nehmen und durchschütteln, bis sich aus dem Gewirr ein Sinn ergibt: Vielleicht sehen Sie an manchen Stellen eng miteinander verwobene Gruppen und an anderen Stellen Bereiche schwach ausgeprägter Kommunikation, die nur zwischen ein paar Leuten Verbindungen aufweisen. Vielleicht erlaubt uns ein verknüpftes Informationssystem, die tatsächliche Struktur der Organisation zu erkennen, in der wir arbeiten.«[12]

Vom ersten Antrag, den Berners-Lee zur Förderung seiner Idee eines Wissensnetzwerks stellte, bis zu dem, was wir heute als World Wide Web kennen, dauerte es wenige Jahre. Anfangs waren die Teilnehmerzahlen und auch die Anzahl an Websites sehr übersichtlich. Mit der Zeit wuchs aber nicht nur das Angebot im Web, es entstand auch das Problem der Übersicht. Wie sollte man sich in dieser schnell unübersichtlich gewordenen Masse an Informationen zurechtfinden?

Auch Jahre nach der Erfindung des Web ist dies immer noch eine der zentralen Fragen, zu denen heute auch der Umgang mit Fake News gehört.

Einer der ersten Versuche, Übersicht ins Web zu bringen, trug den Namen »Jerry and David's Guide to the World Wide Web« und wurde 1994 von den beiden Stanford-Studenten Jerry Yang und David Filo gegründet. Nach ein paar Monaten benannten sie ihr Angebot um und gaben ihm den heute noch geläufigen Namen Yahoo. Der Dienst kategorisierte Webseiten in Themenbereiche – »handpicked«, wie es im Englischen heißt. Das bedeutet: Die Links wurden von Menschen eingetragen. Selbst wenn man wenig Ahnung von Technik hat, kann man sich vorstellen, dass diese Methode bei der Größe des Web recht schnell untauglich wurde. So entstand die Idee einer sogenannten indexbasierten Suchmaschine. Google ist das bekannteste Angebot dieser Art – wobei der Konzern mittlerweile weit mehr ist als eine Orientierungshilfe im Web. Kritiker beschreiben ihn nicht selten als Datenkrake. Das Bild passt auch zur weißen Google-Startseite, hinter deren Suchschlitz sogenannte Web-Crawler im Einsatz sind. Sie erledigen heutzutage einen Großteil der Arbeit, die in den Anfangstagen des Web noch von Menschen und von Hand erledigt wurden. Mit langen Armen durchkämmen sie das Web und indizieren, was sie finden, das heißt, sie erstellen Datenbanken, in denen die Inhalte des Web zunächst archiviert und anlässlich einer Suchanfrage passend ausgegeben werden. Ein Web-Crawler setzt sich aus mehreren Komponenten zusammen, die man als Loader, Checker und Gatherer bezeichnet. Wir sparen die detaillierte technische Beschreibung des sogenannten Crawling aus, um den Blick auf die zentrale Idee des Web zu richten: den Link – denn die Verlinkung bestimmt die Länge der Arme, mit denen der Krake das Web durchkämmt. Der Web-Crawler hangelt sich nämlich von Link zu Link durchs Web und sammelt ein, was er dort findet. Nur wenn der Krake das getan hat, ist der Inhalt der Seite über die zugehörige Suchmaschine sichtbar. Die Teile, die auf diese Weise nicht gefunden werden können, bezeichnet man häufig als Deep Web. Das, was man über Suchmaschinen findet, ist also keinesfalls »das Web«, es ist nur der Teil, der für die Suchmaschine zugänglich ist. In den Bereichen, die die Suchmaschine nicht findet, gibt es noch weit mehr Inhalt.

Ob der Web-Krake Inhalte im Web findet, hängt auch damit zusammen, wie der Betreiber einer Website die Inhalte aufbereitet. Da die meisten Anbieter sich wünschen, gefunden zu werden, beschäftigen sie sogenannte SEO-Experten. Die Abkürzung steht für Search Engine Optimization (Suchmaschinenoptimierung) und beschreibt die Arbeit, Inhalte so für die Web-Crawler vorzubereiten, dass sie gefunden werden. Eine wichtige Rolle spielen dabei die Links. Über sie bewegt sich der Krake durchs Netz, durchsucht eine Seite und lässt sich von Links, die sie dort findet, auf die nächste Seite führen. Dieser Weg wird auf diese Weise immer weiter fortgesetzt – und ähnelt auf gewisse Weise dem zufälligen Treibenlassen und Surfen durchs Web, das menschliche Nutzer nur zu gut kennen. Dabei gibt es für Maschinen wie für Menschen gewisse Konventionen, die nicht als Gesetz festgelegt sind, an die man sich aber zu halten hat. Bei Menschen werden sie als Netiquette beschrieben (was ein Kofferwort aus Netz und Etikette ist), dabei geht es um die Art und Weise, wie man sich anständig in Netz-Debatten verhält. Für die Kraken gibt es einen vergleichbaren Verhaltenskodex, der sich auf die Art und Weise bezieht, wie Kraken Links auswerten. Wenn ein Link mit dem Zusatz »nofollow« versehen wird, bedeutet dies, dass der Krake dem hier gesetzten Link nicht folgen soll. Dadurch werden diese Links weniger wertvoll als

Links ohne Hinweis. Denn die Suchmaschinen schicken nicht nur ihre Kraken von Link zu Link durchs Web, sie nutzen die Links auch, um die Relevanz von Webangeboten zu ermitteln. Und dabei gilt: Viele Links sind auch viel wert. Die Idee dahinter: Ein Angebot, auf das viele verweisen, kann nicht unwichtig sein.

Das Problem dabei: Dieses Prinzip ist auch denjenigen bekannt, die durch eine künstliche Verlinkung von Inhalten diese prominenter werden lassen wollen. Man spricht dann von »Link-Juice«, die von bestimmten Seiten ausgeht und als Verbindungskraft übersetzt werden kann. Seiten mit viel Link-Juice können bestimmte andere Seiten durch Verlinkung bedeutsam erscheinen lassen. Deshalb gibt es immer wieder Versuche, auf diese Weise sozusagen künstliche Link-Bedeutung zu schaffen. Da den Suchmaschinen dieses Vorgehen natürlich auch bekannt ist, passen diese ihren sogenannten Suchalgorithmus immer wieder an. Ihr Ziel dabei: Sie wollen eigentlich keine Suchergebnis-Seiten liefern, sondern eine passende Antwort auf die Anfrage des Nutzers. Deshalb unterscheiden sich die Suchergebnisse zu gleichen Begriffen auch häufig je nach Benutzer. Google-Ergebnisseiten sind also etwas anderes als die erste Seite einer Tageszeitung. Letztere ist für jeden Leser gleich, die Suchergebnisseiten unterscheiden sich sehr stark. Bis zu 120 unterschiedliche Faktoren haben darauf bei Google Einfluss. Diese starke Segmentierung ist einer der Gründe für die sogenannte Filterblase, die den Nutzern solche Inhalte anzeigt, die zu ihren Vorlieben und Meinungen passen. Verstärkt wird dieses Prinzip der Filterblase durch soziale Netzwerke, auf die wir im folgenden Kapitel näher eingehen.

Wie in einer sehr großen Stadt oder in einem sehr weitläufigen Land kann man sich auch auf der Reise ins Internet verlieren. Es gibt nicht nur inhaltlich unzählige Angebote, man kann auch historisch und strukturell sehr weit ausholen. Um dann den Überblick zu behalten, empfiehlt es sich, eine Struktur der Reisedestination im Kopf zu behalten. Wer diese Struktur für den digitalen Raum sucht, kann sich an die Einteilung halten, die der Medienwissenschaftler Felix Stalder in seinem Buch *Kultur der Digitalität* zusammengefasst hat. Für ihn zeichnet sich die Digitalität durch drei Entwicklungen aus. Diese sind: Referentialität, Gemeinschaftlichkeit und Algorithmizität. Das bedeutet: Da Inhalte vom Datenträger gelöst und leicht verlinkbar sind, beziehen sie sich stärker als vorher aufeinander (Referentialität). Da auch Menschen durch die Verbindung leichter in den Austausch treten und sich verbinden und nach Interessen organisieren können, entsteht ein anderes soziales Gefüge (Gemeinschaftlichkeit). Und schließlich benötigen die Menschen immer mehr technische Hilfe, um sich in dieser Flut der Informationen zu orientieren. Dies geschieht durch maschinelles Filtern und Sortieren (Algorithmizität).

Mit diesem Wissen im Hinterkopf sollte man sich auf der Reise ins Internet abseits der klassischen Reiserouten ins Getümmel stürzen und selbst aktiv werden. Denn das Web lebt von der Teilnahme und dem Austausch.

Politik im Internet:
Die Herrschaft der vielen

tl;dr:

Das Internet macht praktisch möglich, was bisher ein theoretisches Recht war: Jeder kann seine Meinung äußern, jeder wird zum potenziellen Autor. Die Möglichkeiten und Unmöglichkeiten, die sich daraus ergeben, müssen erst eingeübt werden, um den politischen Schlagabtausch im Internet zielführender zu gestalten, als er vielen heute noch erscheint.

Der Cartoonist Randall Munroe veröffentlichte in seiner Webcomic-Serie *xkcd* eine Zeichnung, die für viele Menschen ein bestimmtes Gefühl auf den Punkt bringt, wenn man über Politik und Internet spricht. Sie trägt den Titel *Duty calls* (Die Pflicht ruft) und zeigt das typische xkcd-Strichmännchen, das am Computer sitzt und mit jemandem redet, der offensichtlich nicht im Raum ist. Die Stimme fragt: »Kommst du ins Bett?« Der Strichmann antwortet:

»Ich kann nicht. Das hier ist wichtig.« Darauf die Rückfrage: »Was?« und seine Antwort: »Jemand im Internet liegt falsch.« (»Someone is wrong on the internet.«)

Wie Peter Steiners Hunde-Cartoon, auf den wir im Typologie-Kapitel noch kommen, sagt auch dieses Bild mehr über das Internet als tausend Worte: Es illustriert auch dieser Cartoon eine verbreitete Sichtweise auf Internet und Politik: »Someone is wrong on the internet« scheint zu einem Grundnarrativ der Online-Auseinandersetzungen geworden zu sein. Der Versuch, den Andersmeinenden mit allen Mitteln von der eigenen Meinung zu überzeugen, übertönt die im Kern kommunikativen Grundideen des Internets, die auf Austausch und Verständigung über Grenzen hinweg setzen.

Wenn wir uns im Folgenden der politischen Regulierung des Internets nähern, sollten wir eine Art vernünftigen Pragmatismus walten lassen: Sowohl die Begeisterung als auch die Niedergeschlagenheit über die Möglichkeiten und Unmöglichkeiten des Internets erscheinen mir wenig zielführend. Wir werden im nächsten Kapitel die Art der Bewertung des Internets noch ausführlich betrachen, hier sei aber durchaus erwähnt, dass das Pathos, mit dem John Perry Barlow im Jahr 1996 die sogenannte Unabhängigkeitserklärung für den Cyberspace formulierte, vor dem Hintergrund der Hate-Speech- und Cybermobbing-Debatte der Gegenwart vielen etwas absonderlich anmutet. Als Antrieb und Utopie bleibt sein Appell aber dennoch wichtig. Barlow schrieb im Februar 1996: »Regierungen der industriellen Welt, ihr müden Riesen aus Fleisch und Stahl, ich komme aus dem Cyberspace, dem neuen Zuhause des Geistes. Als Vertreter der Zukunft bitte ich euch aus der Vergangenheit, uns in Ruhe zu lassen. Ihr seid nicht willkommen unter uns. Ihr habt keine Souveränität, wo wir uns versammeln.«[13]

Die Annahme, das Internet sei ein rechtsfreier Raum, die hier als Forderung mitschwingt, ist und bleibt eine falsche Vorstellung. Richtig ist, dass die Regulierung und Rechtsdurchsetzung im Internet schwieriger ist als in der Offline-Welt. In ihrer Essaysammlung *Who rules the net?* (Wer regiert das Internet?) weisen die US-Juristen Clyde Wayne Crews Jr. und Adam Thierer darauf hin, dass klassische Konzepte des Rechts durch das Internet herausgefordert werden. Dafür machen sie zwei Hauptgründe aus: »Wenn man online ist, ist man erstens überall und nirgendwo gleichzeitig. Allgegenwart ist vermutlich das definierende Kriterium dieses grenzenlosen Mediums. Und zweitens gibt es keine einzige Entität oder Regierung, die das Internet besitzen oder kontrollieren würde. Teile des sogenannten Netzwerks der Netzwerke gehören privaten Firmen, Organisationen oder gar Regierungen, aber es ist unmöglich, einen spezifischen Eigentümer des Netzwerks zu benennen. Diese Form der verstreuten Kontrolle ist ganz sicher eine der größten Errungenschaften des Internets, auch wenn sie sich manchmal als Fluch darstellt.«[14]

Die »verstreute Kontrolle« ist ziemlich sicher einer der Gründe, warum die wenigsten Menschen erklären können, wie die politische Struktur des Internets eigentlich beschaffen ist.

Doch bevor wir uns der politischen Auseinandersetzung *im* Internet widmen, wollen wir zumindest einen Überblick über die politische Auseinandersetzung *über* das Internet geben. Dabei geht es zunächst gar nicht um inhaltliche Debatten oder gar Konfrontationen, es reicht die banale Frage nach der Zuteilung von Namen. Wer entscheidet eigentlich, was zum Beispiel unter dem Namen piper.de im Web zu finden ist? Zunächst natürlich die Online-Redaktion des Buchverlages, der diese *Gebrauchsanweisung* herausgibt. Dort sitzen

Kolleginnen und Kollegen, die Inhalte veröffentlichen. Dazu nutzen sie ein sogenanntes Content-Management-System und posten Bilder, Videos und Text. Damit sie das auch übermorgen noch tun können, müssen sie Gewissheit darüber haben, dass nicht ein Metzger gleichen Namens ebenfalls Zugriff auf die URL piper.de bekommt und dort Schweinelende statt Lesefreude verkauft. (Die Abkürzung steht für »Uniform Ressource Locator« und wird im allgemeinen Sprachgebrauch als Begriff für »Internetadresse« verwendet.) Für diese Gewissheit sorgt die ICANN, eine Non-Profit-Organisation mit Hauptsitz in Los Angeles. Der Name steht für »Internet Corporation for Assigned Names and Numbers« – quasi ein Telefonbuch des Internets. Als solches könnte man auch den DNS-Dienst beschreiben, den wir weiter oben bereits kennengelernt haben. Er stellt sicher, dass unter piper.de auch wirklich nur das erscheint, was die Online-Redakteure dort veröffentlichen wollen. Damit dieses Telefonbuch gut gesichert wird, beschäftigt die ICANN vierzehn sogenannte Crypto Officers, die Zugang zu zwei Safes haben, die in der Nähe von Los Angeles und in Culpeper, einem kleinen Ort in Virginia, rund 100 Kilometer von Washington, D. C., stehen. In diesen beiden Safes sind die Master-Passwörter für die Namensserver hinterlegt. Jeweils sieben der offiziell als Trusted Community Representatives (TCR) bezeichneten Menschen haben pro Standort Schlüssel und Zugangspasswörter zu den unterschiedlichen Fächern in den Safes. Erst wenn diese geöffnet wurden und die korrekte Anwesenheit der TCR durch drei unterschiedliche Chipkarten aus den Tresoren nachgewiesen wurde, gilt der Öffnungsprozess des Tresors als bestätigt. So soll sichergestellt werden, dass keine fremde Person Zugriff auf die Namensdatenbank bekommt. Dieser Prozess wird alle drei Monate wiederholt, um die Korrektheit des Master-Passworts zu bestätigen.

Allein dieser von mir stark vereinfachte Vorgang illustriert das komplizierte Aufgabengebiet der ICANN, denn sie kümmert sich nicht nur um die Namensdatenbanken, sondern auch um die Entwicklung der sogenannten Top-Level-Domains (TLD).

Als Domains bezeichnet man die Adressen, die man in die Browserzeile eingibt, wenn man eine Website aufrufen möchte. Domains werden von rechts nach links gelesen und beginnen mit einer Endung hinter einem Punkt. Diese nennt man Top-Level-Domain. Links daneben folgt der sogenannte Domain-Name, auch Second-Level-Domain genannt, im gewählten Beispiel der Verlagsname »piper«. Hierzulande ist die Länder-Top-Level-Domain .de für Deutschland bekannt. Von dieser ccTDL (country-code Top-Level-Domain) genannten Länderkennung muss man die sogenannten generischen Top-Level-Domains unterscheiden (gTDL), zu denen zum Beispiel .edu für amerikanische Bildungseinrichtungen oder .gov für amerikanische Regierungsstellen zählen. Die Länder-Top-Level-Domains werden von Länderregistrierungsstellen (im Englischen NICs abgekürzt, für Network Information Center) verwaltet, für die .de-Domain übernimmt diese Aufgabe die DENIC in Frankfurt (das Akronym setzt sich aus der Länderkennung DE und der englischen Abkürzung NIC zusammen).

Diese ccTLDs werden allerdings nicht nur von Anbietern genutzt, die tatsächlich einen Bezug zu dem jeweiligen Land haben. So sind unter Fernsehmachern die Domains des Staates Tuvalu sehr beliebt, die ccTLD lautet dort nämlich .tv.

Bis September 2016 stand die ICANN unter Aufsicht der US-Regierung. Dieser Vertrag basierte auf der Entstehung des Internets und seiner Vorläufer und wurde auf Initiative der Obama-Regierung nicht verlängert. Seitdem ist die ICANN eine Non-Profit-Organisation, die keine staatlichen

Befugnisse hat. Ihr zentrales Organ ist das sogenannte Board of Directors, in dem zum Beispiel auch der deutsche Kommunikationswissenschaftler Wolfgang Kleinwächter Mitglied ist. In einem Artikel für die *Frankfurter Allgemeine Zeitung* beschreibt er das Organisationsprinzip der ICANN, das man als Multistakeholder-Modell bezeichnet: »Beim Multistakeholder-Modell reden alle mit. Nur so war es möglich, sich über die Internetprotokolle zu einigen, die uns erlauben, dass jeder jederzeit an jedem Ort mit jedem in Wort, Ton und Bild kommunizieren kann. Jetzt gilt dieses Prozedere auch für den politischen Bereich. Regierungen sind nur noch ein ›Stakeholder‹ neben anderen. Und bei ICANN haben sie nur eine beratende Rolle.«[15]

Um die Struktur der Internetverwaltung vollständig zu beschreiben, muss man die ISOC abgekürzte Nichtregierungsorganisation Internet Society vorstellen, die sich die Pflege und Weiterentwicklung der Internet-Infrastruktur auf die Fahnen geschrieben hat. Sie wurde im Jahr 1992 von Menschen gegründet, die vorher schon in der genannten Internet Engineering Task Force (IETF) aktiv waren. Dazu zählte auch der Mitbegründer des TCP/IP-Protokolls Vint Cerf. Mittlerweile bildet die ISOC das Dach für zahlreiche Zusammenschlüsse und Organisationen, die sich um den Erhalt des Internets sorgen. Ein wichtiger Bestandteil ist dabei auch der sogenannte RFC-Editor. Die Abkürzung steht für »Request for Comments« und beschreibt eine fortlaufende nummerierte Liste von Standards im Internet, die als sogenannte RFCs veröffentlicht wird.

Im Jahr 1995 wurde die »Deutsche Interessen-Gemeinschaft Internet (DIGI e. V.)« als deutsche Sektion der ISOC anerkannt. Sie »unterstützt die Ziele der Internet Society in Deutschland«, steht in der Selbstbeschreibung auf der Website, »und äußert sich technisch fundiert zu regulativen und politischen Vorhaben, um ein offenes und sicheres Internet in Deutschland zu erhalten.«

Neben dieser offiziellen Internetpolitik hat sich ein bedeutsames Politikfeld entwickelt, das sich unter dem Schlagwort »Netzpolitik« zusammenfassen lässt. Diese bewegt sich – um das Bild der Schichten noch einmal zu bemühen – auf einer anderen, nämlich der Anwendungsebene. Denn in der Netzpolitik geht es stets um politische Fragen, die sich aus der Nutzung des Internets ergeben. In der Frühphase war hier das Urheberrecht ein sehr bedeutsames Politikfeld. Denn durch die historische Ungeheuerlichkeit der digitalen Kopie wurde jeder Internetnutzer plötzlich zum Kopierer. Das fordert nicht nur die Geschäftsmodelle von Inhalte-Anbietern aller Branchen heraus, es lässt auch das Urheberrecht in einem neuen Licht erscheinen. In den Anfangstagen des Web waren die Fragen so bedeutsam, dass sich mit den Piratenparteien in zahlreichen europäischen Ländern eine eigene politische Bewegung formte, die den Vorwurf der Piraterie umdeutete und sogar in ihren Namen aufnahm. Mittlerweile sind die Urheberrechtsfragen in der Netzpolitik etwas in den Hintergrund getreten. Die Fragen der Marktmacht großer Konzerne und die Diskussion über die massenhafte Überwachung der Netznutzer sind in den Vordergrund der netzpolitischen Diskussion getreten. Die wichtigste Frage lautet heute: Wie will die Gesellschaft auf die Veränderungen, die durch das Internet angestoßen wurden, reagieren? Um die Antwort auf diese Frage wird in unterschiedlichen Bereichen gerungen, und ich finde den Vergleich mit der aufkommenden Umweltbewegung zu Beginn der 1980er-Jahre gar nicht so falsch, um zu beschreiben, wie auch das Ökosystem Internet ein zivilgesellschaftliches Engagement hervorbringen könnte. Dafür gibt es zahlreiche Organisationen und Initiativen, die aber wie die frühe Umweltbewegung noch nach einer übergeordneten Leitidee sucht. Auch die Veröffentlichungen Edward Snowdens haben hier (noch) keinen entscheidenden Durchbruch gebracht. Es ist aber nicht auszuschließen, dass dieser kurz bevorsteht – ich jedenfalls würde mir das wünschen. Im Dezember 2016 formulierte beispielsweise eine von SPD-Politiker Martin Schulz angeführte Gruppe von Publizistinnen und Intellektuellen eine Digital Charta, mit deren Hilfe sie »Grundrechte und demokratische Prinzipien auch in der digitalen Welt durch die Herrschaft des Rechts« schützen wollten. Schon zwei Jahre zuvor hatte Tim Berners-Lee einen ähnlichen Versuch unternommen. 2014 sprach er von einer Online-Magna Charta, die wie eine Art Verfassung für den digitalen Raum funktionieren – und das Web vor kommerziellen und staatlichen Übergriffen schützen sollte.

Als Martin Schulz und seine Mitstreiterinnen und Mitstreiter 2016 ihren Vorschlag öffentlich machten, schwappte ihnen eine Welle der Kritik entgegen. Damit zeigte die Digital Charta nicht nur in ihrer inhaltlichen Formulierung, sondern auch in der Debatte, die sie auslöste, dass es bei Netzpolitik nicht nur um technische Infrastruktur, sondern auch um eine Haltung der Nutzerinnen und Nutzer geht. Wir werden im Typologie-Kapitel einige Nutzertypen kennenlernen und dabei feststellen, dass nicht alle immer mit guten Absichten unterwegs sind. Das eingangs zitierte Bild vom streitenden Internetnutzer illustriert aber, dass auch wohlmeinende Menschen Probleme mit der Diskussionskultur im Netz haben können. Zwar ist es richtig, wenn Vint Cerf sagt, das Internet sei ein Spiegel der Gesellschaft, es ist aber offenbar ebenso richtig, dass das Internet gewisse Eigenschaften (gute wie schlechte) zu verstärken scheint. So merken Kritiker an, dass die Tatsache, dass Nutzer sich im Netz nicht von Angesicht zu Angesicht gegenüberstehen und unter Pseudonymen auftreten können, die Diskussionskultur negativ beeinflussen würde. Eine Entwicklung, die übrigens keinesfalls mit den eher jungen Plattformen wie Twitter und Facebook ihren Anfang nahm, sondern schon in den sogenannten Usenet-Newsgroups zu beobachten war. Dieser Vorläufer des World Wide Web stellte Foren zur Verfügung (sogenannte Newsgroups), in denen der Jurist und Autor Mike Godwin schon 1990 eine Beobachtung in Bezug auf die Diskussionskultur machte, die heute als »Godwin's Law« bezeichnet wird. Er stellt darin fest, dass sich mit zunehmender Länge einer Online-Diskussion die Wahrscheinlichkeit eines Hitler- oder Nazivergleichs dem Wert eins annähert – also immer wahrscheinlicher wird. Salopp formuliert: Über kurz oder lang kommt irgendwer in einer Online-Debatte mit einem Hitler-Vergleich an. Natürlich handelt es sich nicht um ein Naturgesetz, doch es beschreibt eine Schwäche von Online-Debatten (wenngleich Mike Godwin im US-Präsidentschaftswahlkampf 2016 darauf hinwies, dass Hitler-Vergleiche als Warnung durchaus ihre Berechtigung haben können). Und hier liegt ein spannender Aspekt in der Diskussion um das Internet und Politik, der über Mike Godwin hinausgeht. Hier hilft uns die Reisemetapher, die wir zu Beginn des Buches vorgeschlagen haben: Wenn wir das Internet wie ein fremdes Land bereisen und die Gespräche dort belauschen, stellen wir fest, dass dort ein bemerkenswerter Mechanismus greift: Das Internet setzt eine Form der Beteiligung und Teilhabe praktisch in die Tat um, die vorher in dem Ausmaß nur theoretisch denkbar war. Die Idee von freier Meinungsäußerung bekommt zum Beispiel durch die Demokratisierung der Publikationsmittel eine ganz neue Dimension. Der Philosoph Jürgen Habermas brachte dies in einem Interview mit der spanischen Zeitung *El Pais* mal so auf den Punkt: »Von dem Zeitpunkt, an dem die

Druckerpresse alle zu potenziellen Lesern machte, dauerte es Jahrhunderte, bis die ganze Bevölkerung lesen konnte. Das Internet macht uns nun alle zu potenziellen Autoren – und dabei ist es erst wenige Jahrzehnte alt. Vielleicht werden wir im Laufe der Zeit lernen, soziale Netzwerke auf eine zivilisierte Art und Weise zu nutzen.«[16]

Das Recht, dass jeder seine Meinung sagen kann, wird im Internet zu einer Praxis, die so noch kaum eingeübt ist. Dazu braucht es Training und vor allem: demokratisches Rüstzeug. Die Schwäche von Online-Diskussionen wäre in diesem Sinne kein Problem des Internets, sondern eine Herausforderung für unsere Vorstellung von Pluralismus und Demokratie, eine Erinnerung daran, dass die Besonderheit der Demokratie nicht darin besteht, dass man recht hat, sondern dass man seine Meinung auch ändern kann. Dass man also zulässt, dass die Gegenseite auch recht haben könnte.

Ein schottischer Internetnutzer namens Kal Turnbull hat genau diese Idee in einem Internetforum schon im Jahr 2013 in die Tat umgesetzt. Es handelt sich um ein Unterforum des Boards Reddit, das sich selbst gern als Startseite des Internets beschreibt und ein breites Forum für allerlei guten und auch sehr abseitigen Inhalt ist. Turnbulls Forum trägt den Titel »Change My View« (Ändere meine Meinung) und öffnet das Feld der politischen Debatte genau von der anderen Seite. Hier geht es eben nicht darum, recht zu haben. Hier geht es darum, seine Meinung zu ändern. Menschen berichten davon, wie sie ihre Ansichten zu einem Thema verändert haben, weil sie aus einer anderen Perspektive oder mithilfe neuer Fakten auf das Thema geschaut haben. Man müsse Menschen und deren Meinungen trennen, sagt Turnbull in einem Interview mit dem Magazin *Wired* und rät dazu, Meinungsänderungen nicht als Schwäche, sondern als Stärke zu verstehen. »Es scheint in unserer Natur zu liegen, dass wir dabei immer nur sehen, dass wir vorher falschlagen, und nicht, dass wir jetzt richtigliegen. Dabei ist das Leben doch ein Work in Progress.«[17] Change My View ist ein Beweis dafür, dass Online-Debatten nicht aus dem Ruder laufen müssen. Die Seite zeigt, dass es im Netz eher darum geht, andere Perspektiven auszuprobieren und zu lernen, mit den neuen Möglichkeiten des Austauschs umzugehen. Aus dieser Perspektive ist Demokratie vielleicht ein Muskel, den man trainieren muss – und Online-Debatten sind das Fitness-studio, das das System langfristig stärker macht.

Wer aus dieser Perspektive auf das Reiseland Internet schaut, sollte entsprechende Kleidung einpacken, um dort auch selbst aktiv werden zu können. Denn wie oben bereits erwähnt: Wie und was das Internet ist, hängt auch daran, wie und ob wir es selbst nutzen.

Der Kontrast: Über die dunklen Ecken und die hellen Seiten des Internets

tl;dr:

Die Antwort auf die Frage, ob das Internet gut oder böse ist, hängt mehr noch als vom Gegenstand selbst von der Perspektive des Fragenden ab. In jedem Fall kann man sagen, dass es bestimmte menschliche Eigenschaften verstärkt – und manchen Menschen auch deshalb Angst macht.

Als Engelchen und Teufelchen illustriert der britische Autor Clive Gifford in seinem empfehlenswerten Buch *Smartphones, Games & Internet* die gute und die schlechte Seite des Web. Unter dem Untertitel »So spannend ist die digitale Welt« bringt Gifford vor allem Kindern die digitalen Technologien nahe. Mit dem freundlichen Engel und dem kleinen bösen Teufelchen gelingt Gifford eine kindgerechte Zusammenfassung der Debatte, über die ganze Bücher veröffentlicht wurden: der kontrastreiche Blick auf das Internet. Zu den besseren Büchern zu diesem Thema zählt *Internet:*

Segen oder Fluch von Kathrin Passig und Sascha Lobo, in dem sich beide der Tatsache widmen, wie der technologische Wandel unsere Wertvorstellungen herausfordert. Doch bevor man sich der Frage des Urteils zuwendet, sollte man wissen, was man überhaupt bewertet: Was sind die dunklen Ecken der Reisedestination Internet? Welche hellen Seiten gilt es zu bereisen?

Clive Gifford wählt dafür eine sehr simple Logik: Auf der schlechten Seite versammelt er drei große Bereiche, die man als

Böse Software (Viren, Angriffe und Spam)

Böse Menschen (Cybermobbing) und

Lügen (Gerüchte verbreiten)

zusammenfassen kann. Dem stellt er auf der guten Seite

Gute Software (Freie Software)

Hilfsbereite Menschen (Aktivismus) und

Bildung (Wissen teilen)

gegenüber. Das mag auf den ersten Blick banal erscheinen. Ich halte es aber für richtig, in dem eher unübersichtlichen Feld mit dem zu beginnen, was nachvollziehbar ist. Denn grundsätzlich gilt in Fragen der Urteile über das Web, was Vint Cerf im ersten Kapitel gesagt hat: Das Internet ist ein Spiegel der Gesellschaft. Es hat – wie die Gesellschaft – gute und schlechte Seiten. Allerdings verstärken Software und Netzwerk diese Effekte manchmal – und es ist ratsam, darauf vorbereitet zu sein.

Dies gilt besonders für den Bereich der »bösen Software«. Gerade in jüngerer Zeit ist immer wieder von der »Künstlichen Intelligenz« (KI) die Rede. Dabei geht es um Maschinen, die lernfähig sind und dadurch selbstständig Rechenanweisungen entwickeln und ausführen, die für den Menschen nur schwer nachvollziehbar sind. Deshalb zählen KI-Anwendungen zu den regelmäßigen Protagonisten in dystopischen Erzählungen – als Beispiel für böse Software, die sich verselbstständigt und die Macht über die Menschheit an sich reißt. Diese Prognose macht vielen Menschen Angst. In Giffords Buch geht es jedoch viel grundlegender erst einmal um sogenannte Schadprogramme, die, er als Viren und Würmer beschreibt. Auch sogenannte Trojaner, die wie das Trojanische Pferd in der Sage, etwas vorgaukeln und damit Fremden Zutritt verschaffen, fallen in diesen Bereich.

Ein weiterer Kritikpunkt ist, dass im Netz, da besonders viel und besonders leicht kommuniziert werden kann, auch besonders betrügerisch kommuniziert wird. Eine Form dieser »bösen Kommunikation« ist das Cybermobbing, bei dem Menschen belästigt und diskriminiert werden. Es gibt verschiedene Initiativen, die versuchen, das Cybermobbing zu unterbinden. Ein wichtiger Aspekt dabei ist die Sensibilisierung für das Thema – auch außerhalb des Web. Gleiches gilt auch für den dritten Bereich, den Gifford anspricht – Lügen. Fake News und Gerüchte verbreiten sich im Netz womöglich schneller als außerhalb. Ein Aspekt, der bei Gifford nur in einem Nebensatz als »anstößiger Inhalt« erwähnt wird, steht für nicht wenige Menschen im Mittelpunkt der Netznutzung: die Pornografie. Trotz ihrer häufigen Nutzung wird sie moralisch der bösen Seite des Web zugeordnet. Dabei gibt es Einschätzungen, die davon ausgehen, dass die Pornografie nicht nur einen großen Anteil am Internet-Traffic ausmacht, sondern auch einer der zentralen Innovationstreiber im Internet ist. Mit dem Wunsch, Pornografie zu konsumieren, machte die Porno-Industrie nicht nur komplizierte Technologie wie Virtual-Reality-Brillen zugänglicher. Sie gab auch den Anstoß für andere Veränderungen in der Nutzung des Web. So geht zum Beispiel die Tatsache, dass man beim Registrieren auf einer Website seine E-Mail-Adresse bestätigen muss, auf eine Pornoseite zurück, die auf diese Weise ihre Nutzer schützen wollte. Auch im Bereich der Manipulation von Bewegtbildsequenzen sorgte die Pornografie dafür, diese einem gesellschaftlichen Mainstream bekannt zu machen. Anfang 2018 wurden zum Beispiel sehr ausführlich die Gefahren diskutiert, die sich daraus ergeben, wenn beliebige Gesichter in pornografische Filme montiert werden können. Dieses *deepfakes* genannte Schreckensszenario machte für viele Menschen erstmals die negativen Möglichkeiten der Manipulation von Bildern und Videos sichtbar. Gleiches gilt übrigens auch für Tondokumente, die durch Manipulation so bearbeitet werden können, dass die Aussage, die eine Person tätigt, ins genaue Gegenteil verkehrt werden kann, ohne dass dies den Zuhörern auffallen würde.

Was häufig in einem Atemzug mit der Pornografie genannt wird, ist das Darknet. Doch bevor wir tiefer in diesen dunklen Bereich des Internets vordringen, müssen wir erst einmal die Begriffe definieren. Wie schon erläutert, ist das World Wide Web eine Anwendung, die auf der Technologie des Internets basiert. In diesem WWW gibt es einen sehr großen sichtbaren Teil, der über Suchmaschinen verlinkt ist. Man spricht vom Clearnet oder Surface-Web (Oberflächen-Netz). Zusätzlich gibt es einen weit größeren Teil im Web, der nicht von Suchmaschinen gefunden wird. Diesen nennt man das Deep Web, und er bezieht sich auf all die Inhalte, die zum Beispiel in Intranets oder hinter Bezahlschranken in Bereichen liegen, die nur für eingeloggte User sichtbar sind. Deep und Surface-Web sind vom sogenannten Darknet zu unterscheiden. Seinen Namen verdankt es der Tatsache, dass es seinen Nutzern völlige Anonymität ermöglicht. Das bekannteste Darknet beruht auf der Verschlüsselungssoftware Tor. Der Begriff basiert ursprünglich auf dem Namen »The Onion Router«, was ein Zwiebelprinzip (Onion) beim Routing von Daten beschreibt und sich heute noch in der inoffiziellen Darknet-Endung .onion wiederfindet. Der Router lotst, wie wir wissen, Daten durchs Netz. Im Fall von Tor lotst er sie verschlüsselt über drei zufällig gewählte Verbindungen, sodass der Endnutzer nicht zurückverfolgbar ist und anonym bleibt. Dazu muss der Nutzer einen sogenannten Onion-Proxy installieren, über den die Daten geleitet werden. Dieser sucht innerhalb von zehn Minuten immer neue Wege für seine Daten. Dadurch wird das Surfen zwar etwas langsamer, da man aber einen sogenannten Tor-Browser verwendet, unterscheidet es sich sonst nicht von der klassischen Art, sich im Web zu bewegen. Edward Snowden nutzte ein Betriebssystem, das Tor einsetzt, um die Daten, die er öffentlich machte, an den *Guardian* zu senden. Spätestens seitdem ist Tor der bekannteste Weg ins Darknet. Andere Darknets sind zum Beispiel Freenet und I2P.

Der Technikjournalist Stefan Mey hat ein lesenswertes Buch über das Darknet geschrieben. Darin unterscheidet er das gute, das böse und das kommerzielle Darknet. Das gute Darknet ist für ihn jenes, das zum Beispiel Informanten und Whistleblowern Schutz in der Anonymität gewährt. Als böse bezeichnet er die Teile des Darknets, in denen zum Beispiel Kinderpornografie gehandelt wird. Und den größten Teil stellt er als kommerzielles Darknet vor, in dem ein reger Handel mit Waffen und Drogen geführt wird. Zur Bezahlung wird dabei die Kryptowährung Bitcoin verwendet, die auf ein Treuhandkonto eingezahlt und erst freigegeben wird, wenn die Ware tatsächlich geliefert wurde. Der Versand beispielsweise von Drogen erfolgt dabei über den klassischen Postweg. In einem Interview skizzierte Mey seine Sicht auf das Darknet und spekulierte, »ob das Darknet nicht das werden könnte, was das Internet einmal sein sollte. Am Anfang der Entwicklung gab es kühne Visionen, es war vom herrschaftsfreien Raum die Rede, von Vielfalt, von der großen Weltgemeinschaft. Heute ist das Gegenteil der Fall.« Deshalb entwirft Mey eine Prognose, die so gar nicht auf die klassische Zuschreibung von hell und dunkel passen will: »Wenn Tor sich weiterentwickelt, könnte es irgendwann möglich sein, den Tor-Verkehr so zu verstecken, dass keine Regierung ihn zensieren kann. Das hätte zur Folge, dass Staaten wie Nordkorea oder Saudi-Arabien nur die Möglichkeit bliebe, sich entweder vom Internet komplett abzustöpseln oder damit zu leben, dass Leute Tor nutzen. Daraus könnte eine Dynamik entstehen: Eine Blüte der Leaking-Kultur wäre denkbar, mit vielen neuen und geschützten Whistleblower-Plattformen.«[18]

Eine solche Perspektive auf die guten und schlechten Seiten des Internets nimmt Bezug auf die Utopien und Hoffnungen, die mit ihm verbunden waren und sind – und die die guten Seiten des Web ausmachen. Folgt man auch hier der Gifford'schen Einteilung, kann man mit der guten Software beginnen, die sich zum Beispiel im Hypertext selbst begründet. Dieser Punkt umfasst aber viel mehr als das, was Tim Berners-Lee in seiner Ursprungsidee einer freien Wissens-Fundgrube angedacht hat. Es geht hier auch darum, dass Software geteilt werden kann. Die Ideen der Open-Source-Bewegung, die den Quellcode von Programmen offenlegt, damit andere daran weiterarbeiten können, und jene der Freien Software, die die kostenfreie Weiternutzung ermöglicht, sind viel mehr als eine reine Software-Anwendung. Hier geht es um eine Geisteshaltung, die zum Beispiel auch die Creative-Commons-Lizenzen auszeichnet. Dabei handelt es sich um ein urheberrechtliches Lizenzmodell, das maßgeblich von Lawrence Lessig geprägt wurde. Creative-Commons-Lizenzen tragen der Tatsache Rechnung, dass auch urheberrechtlich geschützte Inhalte im Internet sehr leicht kopiert werden können. Im klassischen Urheberrecht ist dies nicht vorgesehen. Die CC-Lizenzen gestatten deshalb eine Weiterwendung von Inhalten unter bestimmten

Vorgaben (etwa für die nicht-kommerzielle, private Nutzung).

Auf dieser Geisteshaltung der demokratischen Teilhabe und des Pluralismus begründet sich auch eine Form des Aktivismus im Netz, der es leichter macht, anderen zu helfen, als dies vielleicht offline möglich ist. Manchmal funktioniert es sogar so leicht, dass dafür der kritische Begriff »Slacktivismus« erfunden wurde, der eine Form der Hilfe beschreibt, die sich einzig aufs Klicken beschränkt und darüber hinaus nur Faulheit (Slacken) befördert, weil es kein wirkliches menschliches Engagement nach sich zieht. Aber auch übers Klicken können Menschen viel bewegen, wie sogenannte Crowdfunding- und Spendenaktionen beweisen, bei denen durch die Mechanismen der Vernetzung und den guten Willen vieler Menschen schon sehr schnell sehr hohe Summen gesammelt wurden. Diese Aktionen setzen auf die Bereitschaft, die im Slacktivismus auch steckt: nämlich sich an einem konkreten Projekt zu beteiligen und zum Beispiel auf Plattformen wie startnext.com oder kickstarter.com mit wenigen Klicks Geld für Aktionen zu geben.

Der aber vermutlich hellste Punkt auf der strahlenden Seite des Web hat mit Bildung zu tun. Die Art und Weise, wie Inhalte im Netz verlink-, referenzier- und teilbar sind, ermöglicht eine ganz neue Dimension des Wissensaustauschs. Das bekannteste Beispiel auf der Schichten-Ebene des Inhalts (Content Layer) ist dabei die Online-Enzyklopädie Wikipedia, die die Idee eines Lexikons verflüssigt hat. Denn Wikipedia ist kein monolithisches, unveränderliches Angebot, sondern eine Plattform, die ständig verändert werden kann und die von der Teilhabe ihrer Nutzer lebt. Kultur verändert dadurch ihren Aggregatzustand von fest zu flüssig – und wird dadurch selbst zu Software. Durch diese Veränderung werden klassische Bildungsvorstellungen herausgefordert, und Geschäftsmodelle von Verlagen und anderen Kultur- und Bildungseinrichtungen stehen vor einem grundlegenden Wandel. Im Sinne der Aufklärung und der bildlichen Erleuchtung ist dieser Prozess aber trotzdem als Teil der guten Seiten des Web zu verstehen.

Kurze Geschichte der sozialen Netzwerke

tl;dr:

Über der Ebene der Inhalte gibt es im Web eine weitere Schicht (Layer), die man »social« nennt. Es handelt sich um den Bereich, in dem Nutzerinnen und Nutzer selbst aktiv werden, sich austauschen und Inhalte teilen. Hier liegt ein großes Geschäftsmodell für Anbieter, die den Plattform-Kapitalismus für sich nutzen. Hier steckt aber auch das Potenzial für eine weltumspannende Form des Austauschs und der Wissensvermehrung.

Die große Halle der Schulbibliothek wirkt an diesem Samstagvormittag noch etwas größer als sonst. Da, wo sonst viele Schülerinnen und Schüler ihre Vormittage verbringen, herrscht heute Leere. Es ist eines der ersten Frühlingswochenenden, die Schüler genießen ihre freie Zeit – bis auf Andrew Clark, Claire Standish, Allison Reynolds, Brian Johnson und John Bender. Die fünf sehr unterschiedlichen Charaktere müssen nachsitzen. Beaufsichtigt werden sie von ihrem Lehrer Richard Vernon, der ihnen die Aufgabe erteilt, einen Aufsatz darüber zu schreiben, wer sie wirklich sind.

Das ist die Ausgangssituation für den Film *The Breakfast Club*, der 1985 von John Hughes gedreht wurde. Er wurde so populär, dass die fünf Hauptfiguren anschließend – in Anlehnung an das berühmte Rat Pack – als Brat Pack bezeichnet wurden.

Dreißig Jahre später, um das Jahr 2015 herum, begannen zuerst User im Netz und anschließend Medien- und Werbejournalisten damit, den Charakteren aus dem Film soziale Netzwerke zuzuordnen. Für Cineasten war das ein Spaß, um die Besonderheiten aus dem Film in der Gegenwart wieder aufleben zu lassen. Für die Medienbranche war es eine willkommene Gelegenheit, die Charakteristika von sozialen Netzwerken anschaulich auf den Punkt zu bringen – anhand der fünf Typen, die sich an diesem Samstagvormittag in der Schulbibliothek einfinden mussten.

Ich nehme die fünf zum Anlass, um in einen Bereich einzuführen, der früher als Web 2.0 beschrieben wurde – also als neue Entwicklungsstufe des klassischen World Wide Web, das wir eingangs kennengelernt haben. Der Begriff Web 2.0 wurde im Jahr 2004 von Dale Dougherty erfunden – für eine Konferenz des O'Reilly-Verlags, bei dem der Autor damals arbeitete. Ein Jahr später verfasste der Chef und Namensgeber des Verlags – Tim O'Reilly – einen viel beachteten Text mit dem Titel »What is Web 2.0?«, in dem er all jene Beteiligungsformen beschrieb, die wir heute in sozialen Netzwerken finden. O'Reilly formulierte sechs Aspekte dieser Entwicklungsstufe des Web: Das Web 2.0 wird erstens als eine Plattform betrachtet, es setzt zweitens auf die sogenannte Weisheit der vielen (Folksonomy statt Taxonomie), die Nutzer werden drittens als Mitarbeiter ohne Bezahlung eingespannt. Viertens wird Software eingesetzt, die über einzelne Gerätekategorien hinaus anwendbar ist, Daten sind fünftens wichtiger als Design, und es greift sechstens der sogenannte Long Tail. Unter diesem Titel (*Der lange Schwanz*) hat Chris Anderson ein Buch veröffentlicht, das beschreibt wie durch das Internet auch Nicht-Bestseller zu Verkaufserfolgen werden – weil sie eben sehr lange genutzt werden können.

Ein Beispiel, das klassischerweise nicht zu den Social-Media-Plattformen des Web 2.0 gezählt wird, aber auch auf einer Form der Beteiligung beruht, ist die Online-Enzyklopädie Wikipedia. Sie zeigt auf der Ebene der Inhalte, wie die Digitalisierung nicht nur ein weiterer Distributionskanal ist, sondern auch den Inhalt an sich verändert. Die Leser erschaffen durch ihre Teilhabe dieses Lexikon selbst. Das ist in der Menschheitsgeschichte so noch nicht vorgekommen – deshalb ist Wikipedia selbst ein gutes Beispiel für die Teilhabe von aktiven Konsumenten. In seiner deutschen Ausgabe kann man auf Wikipedia über die fünf Hauptfiguren aus *The Breakfast Club* lesen: »Der Streber Brian, den eine schlechte Note in Werken fast in den Suizid getrieben hat; John, der Rebell aus gewalttätigem Elternhaus; das Sport-Ass Andrew, ein muskelbepackter Highschool-Held; Claire, die ›Prinzessin‹ aus reichem Haus; und die schwarz gekleidete Außenseiterin Allison. Alle fünf sind Opfer der engstirnigen Erwartungen ihrer Umwelt: Der einerseits für seine Freiheit beneidete, andererseits für seine Rauheit verachtete John ist das tragische Produkt eines primitiven Elternhauses; die bei allen beliebte Claire gesteht ihre Verzweiflung darüber, sich dem Gruppenzwang ihrer Freunde nicht entziehen zu können. Der Streber Brian und der Ringer Andrew leiden beide unter dem Erwartungsdruck ihrer Eltern, die ihre eigenen Lebensziele durch ihre Kinder erreichen wollen, und Allison wiederum leidet darunter, dass ihre Persönlichkeit von ihren Eltern nicht anerkannt wird.«

Das Branchenmagazin *AdWeek* nutzte im Oktober 2015 diese fiktiven Filmfiguren, um die Funktionalitäten und Besonderheiten von sozialen Netzwerken zu beschreiben: »Werbetreibende und Vermarkter können diese bekannten Charaktere durch die Social-Media-Brille betrachten, um herauszufinden, was ihr bevorzugtes soziales Netzwerk mit seinen einzigartigen Angeboten wäre.«[19]

Wir folgen nun allerdings nicht dem Marketingtext von *AdWeek*, sondern einer Zuschreibung, die User im Internet vorgenommen haben. Denn eine zentrale Idee von sozialen Netzwerken handelt genau von dem, was man »User Generated Content« nennt; von Inhalten also, die Nutzer ohne konkreten Auftrag und Bezahlung erstellen. Davon leben die Netzwerke allesamt: von dem Antrieb, sich mitzuteilen und sich zu beteiligen. Und ein zentrales Unterscheidungskriterium liegt darin, welche Anreizsysteme das jeweilige Netzwerk bedient: Bei Berufs- oder Dating-Netzwerken ist dies offensichtlich. Aber auch Netzwerke wie Twitter oder Instagram halten Belohnungsmechanismen bereit, um Teilnehmer auf andere Weise als monetär dafür zu belohnen, dass sie Inhalte ins Netz stellen. So wie auch in diesem Fall, in dem Film- und Internet-Fans Freude daran hatten, den Charakteren Netzwerke zuzuordnen. Deshalb nehmen wir dazu noch einmal die Wikipedia-Beschreibung und ergänzen sie um die Plattformen Facebook, Tumblr, Twitter, Instagram und LinkedIn:

Facebook (Sport-Ass Andrew)

Wenn Menschen von Social Media sprechen, meinen die allermeisten von ihnen heute Facebook. Das Netzwerk, das von Harvard-Absolvent Mark Zuckerberg im Jahr 2004 gegründet wurde, hat mittlerweile drei Milliarden Nutzer. Der Vergleich mit dem muskelbepackten Ringer Andrew trifft auch deshalb zu, weil Facebook sehr finanzstark ist – und den Messengerdienst WhatsApp ebenso gekauft hat wie den Bilderdienst Instagram. Damit entsteht eine enorme Macht, da Facebook für sehr viele Menschen der Einstieg ins Internet und die erste Quelle für Nachrichten geworden ist.

Instagram (Prinzessin Claire)

Sie ist sehr hübsch, bei allen beliebt und legt viel Wert auf den äußeren Eindruck. Der 2012 von Facebook gekaufte Bilderdienst Instagram versetzt Nutzerinnen und Nutzer in die Lage, ihr Leben in Bildern zu dokumentieren. Das Besondere dabei: Instagram ist nur auf dem Smartphone aktiv nutzbar – nur hier können Nutzer Bilder hochladen und mit Fotofiltern veredeln. Das Programm lässt auch mittelmäßige Bilder gut bis sehr gut aussehen. Das Netzwerk versteht sich zudem darauf, fremde Ideen schnell zu integrieren: Als Snapchat anfing, Nutzerinnen sogenannte Storys anzubieten (kurze Videosequenzen, die nach 24 Stunden nicht mehr angezeigt werden), baute Instagram das Angebot »Storys« nach und versah es mit den gleichen Filtern wie der Konkurrent.

Tumblr (Außenseiterin Allison)

Dass die dunkel gekleidete Außenseiterin Allison für Tumblr steht, ist allein deshalb passend, weil viele Menschen sich schwer damit tun, genau zu erklären, wofür Tumblr eigentlich steht. Genau darin liegt für jüngere Menschen, die sich für Bilder und Internet-Humor interessieren, der besondere Reiz an dem Angebot, das 2007 gegründet und 2013 von Yahoo gekauft wurde. Tumblr ist eine Mischung aus Blog-Software, mit deren Hilfe man auch längere Beiträge veröffentlichen kann, und klassischem Social Network, über das man sich vernetzt. Als es im Jahr 2013 wegen der hohen Kaufsumme für eine Weile im Mittelpunkt der Aufmerksamkeit stand, wurde es kurzzeitig als »das nächste Facebook« gehandelt — weil sich damals viele US-amerikanische Jugendliche für Tumblr begeisterten. Das ist es nicht geworden, es ist aber auch nicht verschwunden. Irgendwie undurchsichtig eben.

Twitter (der Rebell John)

Seit US-Präsident Donald Trump Twitter zu seinem wichtigsten Mitteilungskanal gemacht hat, ist das Image des Dienstes etwas verändert. Der 2007 gestartete Dienst hat die Besonderheit, lediglich 140 Zeichen Platz für Nachrichten zu bieten. Doch Trump versteht sich wie John als Rebell, insofern passt das Bild des Jungen aus primitivem Elternhaus auch weiterhin. Mittlerweile haben Nutzerinnen und Nutzer bei Twitter 280 Zeichen Platz, der Fokus auf eher kurze, situationsabhängige Beiträge ist aber geblieben. Auch Twitter steht etwas im Schatten von Facebook, hat aber seine eigenen Stärken. Diese zeigen sich vor allem in Live-Situationen, wenn parallel zu Ereignissen auf Basis von Hashtags Beiträge verfasst werden.

LinkedIn (der Streber Brian)

Neben Pornografie und Dating ist – gemessen am Surfverhalten auf den größten Websites – das eigene berufliche Fortkommen vermutlich der wichtigste Grund für erwachsene Menschen, über die Teilnahme an sozialen Netzwerken nachzudenken. Dass der Streber der fünf Charaktere für diese Art der Netzwerke steht, ist also kein Wunder. Konkret geht es um das weltweit äußerst populäre Angebot LinkedIn. Hier vernetzen sich Berufsgruppen, Unternehmen posten Stellenanzeigen, und Branchennews werden getauscht. Das funktioniert so gut, dass Microsoft das Netzwerk 2016 erworben hat. Deutschland erweist sich im Bereich der Karrierenetzwerke als kleines gallisches Dorf auf der Weltkarte: Hier gibt es neben dem Platzhirsch LinkedIn noch das nationale Angebot Xing.

Ich habe die Analogie zum Film *Breakfast Club* auch deshalb gewählt, weil er zeigt, dass es gewisse Konstanten in der Jugendkultur gibt. Die Schülertypen aus dem Jahr 1985 finden sich auch im Jahr 2018 wieder. Im Umgang mit Social Media wird allerdings immer mal wieder die These aufgestellt, das Internet stelle die Identitätsbildung der Jugend völlig auf den Kopf. Urs Gasser und John Palfrey stellen in ihrem Buch *Generation Internet* dazu fest: »Natürlich verändert das Internet nicht alles grundlegend. So hat sich der Begriff der Identität durch das Internet nicht entscheidend verändert. Ebenso sind nicht sämtliche seiner Auswirkungen für uns gänzlich neu oder unbekannt. In gewisser Weise ähnelt das Wesen der Identität im Internetzeitalter also dem in unserer agrarischen Vergangenheit. Persönliche Identität bleibt weitgehend das, was sie einst war. Und sogar die erhöhte Dynamik hinsichtlich der sozialen Identität im Internetzeitalter birgt noch immer bestimmte Parallelen zu den Veränderungsprozessen der Vergangenheit.« Dennoch gibt es, so analysieren die Wissenschaftler, erstaunliche Transformationen: »Die Veränderungen hinsichtlich der sozialen Identität sind dabei weitaus größer als in Bezug auf die persönliche Identität.«[20] Denn durch die sogenannten sozialen Netzwerke ist es möglich, seine persönliche Identität stärker als zuvor in den sozialen Austausch mit anderen treten zu lassen.

Dass das nicht immer konfliktfrei ist, zeigt sich zum Beispiel an dem gestiegenen sozialen Druck, der von stets perfekt bearbeiteten Instagram-Fotos ausgehen kann. Auch der soziale Austausch, zum Beispiel über politische Themen (siehe Kapitel »Politik im Internet«), kann zu Konflikten führen, die sich in Schlagworten wie Hate Speech (Hassrede) und Cybermobbing (digitale Verunglimpfung und Beleidigung) ausdrücken. Die Frage, wie man auf Beleidigungen und Drohungen in sozialen Netzwerken reagieren soll, ist in den vergangenen Jahren zu einem Thema geworden, das durch das sogenannte Netz-DG vom damaligen Justizminister Heiko Maas gelöst werden sollte. Das Gesetz, das offiziell »Gesetz zur Verbesserung der Rechtsdurchsetzung in sozialen Netzwerken (Netzwerkdurchsetzungsgesetz)« heißt, sorgte für eine Menge Diskussion und zeigte: Die Auseinandersetzung über die netzpolitisch bedeutsame Frage ist noch in vollem Gange. Egal, welche Haltung man dabei einnimmt, sicher ist, dass die Fehler, die in den vergangenen Jahren gemacht wurden, zu Lehren für die nächsten Generationen werden sollten. Die Nutzung sozialer Netzwerke sollte im Sinne einer Schule der Demokratie mündig und kompetent erfolgen – dafür sollten die Nutzer fit gemacht werden. In diesem Sinn plädierte der Netzaktivist Linus Neumann beim Zündfunk-Netzkongress 2015 in München »dafür, dass wir alle wieder ein bisschen unverkrampfter und offener miteinander umgehen. Dass wir Humor als Waffe einsetzen, dass wir gleichzeitig dabei gutmütig und einfühlsam bleiben – aber auch ein bisschen gemein. Und dass wir uns damit abfinden, dass nicht jeder Tweet ein Glaubenskrieg ist. Nur dann können wir die Medienkompetenz entwickeln, die wir noch brauchen werden.«[21]

Es wäre grundlegend falsch, soziale Netzwerke einzig unter dem Aspekt von Streit und Hassrede zu betrachten. In der Möglichkeit, Inhalte und Gefühle mit anderen zu teilen, liegt in erster Linie eine große Freude. Dabei gibt es eine erstaunliche Parallele zwischen digitalen Inhalten und den im Internet geteilten Emotionen: Beides wird nicht weniger, wenn man es teilt. So wie die Freude über einen Witz, den man weitererzählt, sich vermehrt, verschwinden auch Dateien nicht, wenn man sie weitergibt. Es gibt wohl wenige Orte, an denen man das greifbarer machen kann als an der Südspitze des Vättern-Sees in Schweden. Hier machte der schwedische Fotograf Patrik Svedberg im Mai 2013 ein Foto, für das er auf Instagram 43 Likes bekam. Auf dem Bild war ein Baum zu sehen, der später als Broccoli-Tree (Brokkoli-Baum) web-berühmt werden sollte. Svedberg erinnerte die Krone des Baumes an die Form eines Brokkolis, deshalb gab er ihm diesen Namen. Auf seinem Weg zur Arbeit kam Svedberg regelmäßig an dem Baum vorbei, er fotografierte ihn dabei immer wieder. Stets in einem neuen Kontext: Das Wetter, die vorbeilaufenden Leute, die Stimmung änderten sich – und auch die Popularität des Baumes. Aus den 43 Likes im Mai 2013 wurde eine beeindruckende weltweite Aufmerksamkeit. Svedberg dokumentierte die Fotos auf der Website thebroccolitree.com, Galerien wollten Bilder von dem Baum ausstellen, Menschen wünschten sich Poster und Drucke. Er veranstaltete eine Ausstellung seiner Bilder unter dem Baum am Seeufer, er verkaufte einen Baum-Kalender, und 30 000 Menschen folgen dem Instagram-Account, den Svedberg für den Baum angelegt hat. Das alles wurde ausgelöst von der eher zufälligen Beobachtung eines Fotografen, der sein Bild übers Web mit der Welt teilte. Doch eines Tages im September 2017 macht Svedberg eine traurige Entdeckung: Jemand hatte sich an »seinem« Baum zu schaffen gemacht. Der Stamm war beschädigt worden, und zwar so massiv, dass der Baum wenige Tage später gefällt werden musste. »Etwas zu teilen trägt das Risiko in sich, es zu verlieren«, fasste Svedberg die Geschichte ein halbes Jahr später in einem Video zusammen. »Das gilt besonders für eine Welt, in der es das Bedürfnis gibt, Aufmerksamkeit auf sich zu ziehen – und sei es nur, indem man einen viel geachteten Baum zerstört.« Und Svedberg spekuliert darüber, ob er den Baum heute noch sehen könnte, wenn er ihn damals nicht fotografiert und nicht ins Netz gestellt hätte. Würden sich die Menschen am Vättern-See heute noch an der Brokkoli-Krone erfreuen können? Vielleicht, aber hätte er den Baum damals nicht fotografiert, hätten sich all die Menschen nicht an ihm erfreuen können, die ihn so überall auf der Welt kennengelernt haben. »Und in Wahrheit können wir auch die Dinge verlieren, die wir für uns und geheim halten. Nur dann sind wir auch in unserer Trauer allein und können den Verlust mit niemandem teilen.«[22]

Diese Worte lassen sich leicht auch auf andere Bereiche des menschlichen Lebens übertragen, und sie zeigen, dass der Wert des Teilens enorme Vorteile mit sich bringen kann.

Der Austausch und das Teilen von Gefühlen in sozialen Netzwerken ist aber nur ein Aspekt, der alle fünf Netzwerke miteinander verbindet: Sie setzen allesamt auf das Prinzip Timeline. Nutzer posten Inhalte, von denen sie meinen, dass sie für andere Nutzer interessant sind. Anfangs spielte das jeweilige Netzwerk sie chronologisch so aus, das heißt in der Reihenfolge und Gewichtung, in der sie erstellt wurden. Mittlerweile haben sich die Netzwerke zu Gatekeeper genannten Schleusenwärtern entwickelt, die die Sichtbarkeit der Inhalte steuern. Dabei geben sie vor, dem Nutzer vor allem die Inhalte auszuspielen, die für ihn in einem bestimmten Nutzungskontext und -zeitraum besonders relevant sind. Denn das Ziel der Netzwerke ist ja nicht, alle Beiträge gleichberechtigt oder gar gerecht anzuzeigen. Sie wünschen sich eine hohe Interaktion der Nutzerinnen und Nutzer und eine hohe Verweildauer im Netzwerk. Deshalb bevorzugen sie Beiträge, die bereits beliebt sind, was durch den Dreiklang »Like, Share, Comment« gemessen werden kann: Dieser beschreibt die Anzahl der Gefällt-mir-Angaben (Like) als niedrigschwelliger Ausdruck einer Interaktion, die Häufigkeit des Weiterverbreitens (Share) von Inhalten sowie die Diskussionstiefe zu einem Beitrag (Anzahl der Kommentare). Diese Bevorzugung von Populärem befördert das Prinzip der viralen Verbreitung, das dazu führt, dass Inhalte enorme Reichweiten erzielen können. Genau hier liegt der Zauber der Netzwerke: Sie versprechen unter bestimmten Voraussetzungen enorme Reichweiten und schaffen damit eine neue Form der weltumspannenden Viralkultur, die sich oft in sogenannten Memen ausdrückt. Damit werden Informationseinheiten beschrieben, die sich ähnlich wie Gene verhalten. Diese Zitate, Bilder und Sequenzen werden geteilt, kopiert und verändert. Darin kann viel Freude stecken, der Mechanismus kann in gefühlten Notsituationen aber auch zu Paniken führen – wie im Sommer 2016 nach dem rechtsradikalen Terroranschlag am Münchner Olympia-Einkaufszentrum. Auf Facebook wurde damals – erstmals im deutschsprachigen Raum – der sogenannte Safety check aktiviert, mit dem Nutzer in München ihren Freunden in anderen Städten die Information mitteilen konnten, dass sie in Sicherheit sind. Notwendig wurde diese Mitteilung, weil sich aus Halbwahrheiten und Gerüchten über weitere Attentäter in der Stadt eine virale Panik verbreitete, die andere Menschen in Angst und Schrecken versetzte. Im Hofbräuhaus entstand zum Beispiel eine Massenpanik, in deren Folge sich eine Frau ein Bein brach. Meine Kollegen der *Süddeutschen Zeitung* haben die Entstehung dieser digitalen Massenhysterie in dem Text »Timeline des Terrors« nachgezeichnet. Im Nachgang zu den Ereignissen in der Julinacht nach dem Amoklauf entstand die Seite gegen-die-panik.de, auf der wir sieben einfache Regeln für vergleichbare Situationen notiert haben. Wichtigste Regel: Keine ungeprüften Informationen verbreiten –

auch wenn der Wunsch noch so groß ist. Als Erinnerung daran kann in Notsituationen der Hashtag #gegendiepanik genutzt werden, um in Eilmeldungslagen Freunde und Bekannte zur Besonnenheit zu mahnen.

In diesem Prinzip der viralen Verbreitung steckt für die Netzwerke aber noch ein zweites Geschäftsmodell. Denn natürlich tauchen in der Timeline nicht nur Einträge auf, die Freunde gepostet haben. Auch werbliche Posts, für die das Netzwerk sich bezahlen lässt, werden in der Timeline ausgespielt – und für die Sichtbarkeit dieser Werbung wird das Netzwerk bezahlt. Deshalb wird sie auf Basis von Nutzerinteressen ausgespielt, um eine möglichst hohe Passung zu erzielen.

Auf diese Weise filtern die Netzwerke die Inhalte in einem Maße, das der Autor Eli Pariser im Jahr 2011 in seinem gleichnamigen Buch als Filter-Bubble bezeichnete. Diese Filterblase führt dazu, dass Nutzer (nur noch) die Inhalte bekommen, die sie vermeintlich interessieren. Hier sehen Kritiker eine gesellschaftliche Gefahr, die dazu führen kann, dass gesamtgesellschaftliches Interesse abnimmt, weil Menschen sich nur noch einzig in ihnen genehmen und angenehmen Umfeldern bewegen. Der Buchautor Eli Pariser hat aus seiner Analyse übrigens nicht den Schluss gezogen, sich von sozialen Netzwerken oder gar aus dem Internet fernzuhalten. Er hat im Gegenteil die Website Upworthy gegründet, die relevante mediale Inhalte für das Zeitalter der Filterblase aufbereitet.

Eine zweite Folge der Filterblase: Die Macht der Konzerne im Plattform-Kapitalismus wächst. Wir haben darüber bereits im Mobil-Kapitel zu Beginn gesprochen und werden auch im GAFAM-Kapitel darauf eingehen. Am Beispiel der Social-Media-Plattformen kann man festhalten: Die Netzwerkanbieter erstellen selbst keine Inhalte, sind aber dennoch in einer machtvollen Position. Sie filtern, welche Inhalte der Nutzer zu sehen bekommt. Und dabei spielen nicht in erster Linie gesellschaftliche Relevanz oder politische Teilhabe eine Rolle, sondern vor allem eine fortlaufende Interaktion: Ziel der Plattformen ist es, die Nutzer auf der Plattform zu halten, um ihnen möglichst viel Werbung zeigen zu können. Das nämlich ist ihr Geschäftsmodell. Deshalb forderte Pariser in seinem Buch *Filter Bubble*, dass die großen Plattformen offenlegen, nach welchen Kriterien sie ihre Inhalte filtern. Ein anderer Ansatz, um die Filterblase zu durchbrechen, wird am MIT-Medialab in Cambridge unter dem Namen Gobo getestet. Diese Software soll Nutzer in die Lage versetzen, die Filtermechanismen der Plattformen zu durchbrechen und selbst zu entscheiden, welche Inhalte ihnen angezeigt werden sollen.

Andererseits basiert der Erfolg der Plattformen aber auch darauf, dass die Nutzer sich tatsächlich darauf einlassen. Sie nutzen ein kostenloses Produkt und akzeptieren dafür, dass ihre Daten vermarktet werden: »Wenn du für ein Produkt nicht bezahlst, bist du selbst das Produkt«, lautet die Einschätzung, die mehreren Quellen zugeschrieben wird, das Dilemma des Plattform-Kapitalismus aber auf den Punkt bringt – jedenfalls fast, denn noch genauer müsste man formulieren, dass das Produkt der Netzwerke nicht die Nutzer selbst sind, sondern deren Aufmerksamkeit. Diese ist die wertvolle Ressource, um die alle kämpfen. Das Web, aber vor allem die sozialen Netzwerke des Web 2.0 haben uns eine Ökonomie der Aufmerksamkeit gebracht, in der es nicht mehr nur um guten Inhalt geht, sondern um die Frage, wer diesen wann anschaut.

Sie haben Post: Vier typische Mails, die jeder bekommt, bei denen man aber Vorsicht walten lassen sollte

tl;dr:

Die E-Mail ist eine großartige Erfindung: Sie kommt ohne zentrale Verteilstelle aus und verbindet Menschen auf sehr unterschiedlichen Computersystemen miteinander. Sie basiert auf einem dezentralen Protokoll. Auch wenn in Trendvorschauen immer wieder ihr Ende vorausgesagt wird: Es werden mehr Mails denn je verschickt. Gerade deshalb sollte man achtsam mit ihnen umgehen. Um die Zeit der Empfänger nicht unnötig zu strapazieren, aber vor allem, um nicht auf Betrug hereinzufallen.

Es muss im November oder Dezember 1971 gewesen sein. Ray Tomlinson war bei »Bolt Beranek and Newman« in Cambridge beschäftigt und arbeitete am Arpanet. Dabei kam ihm die Idee, nicht nur Computer miteinander kommunizieren zu lassen, sondern auch Menschen einen direkten, kommunikativen Austausch über die auf diese Weise vernetzten Computer zu ermöglichen. So entstand das, was wir heute E-Mail nennen: eine Form der elektronischen Post.

Dabei war Ray Tomlinson nicht der Einzige, der auf diese Idee kam und daran arbeitete. Dass er aber dennoch als Erfinder der E-Mail gilt, liegt nicht an dem zugrunde liegenden Protokoll (SMTP wurde erst 1982 erfunden), sondern einzig am @-Zeichen. Denn in Wahrheit war der Informatiker Ray Tomlinson der Erfinder des @ – zumindest in Verbindung mit der Computerwelt. Vor Tomlinson war niemand auf die Idee gekommen, das Zeichen, das auf Englisch »ät« ausgesprochen wird, in Computerkommunikation zu verwenden. Er nutzte es als Trennung in der Adressangabe. Denn zwischen dem Empfängernamen und dem sogenannten Host brauchte man ein Zeichen, das auf der Tastatur verfügbar war, aber in keinem Namen Verwendung findet. Tomlinson entdeckte auf einer »Modell 33 Teletype«-Fernschreibertastatur das @ und verhalf ihm zu einer erstaunlichen Karriere. Dass es sich überhaupt auf dieser Tastatur befand, liegt daran, dass es über Jahrhunderte als kaufmännisches und juristisches Zeichen gebräuchlich war. Schon im 16. Jahrhundert gibt es Belege für die Verwendung des @-Zeichens als Gewichts- und Volumenmaß. Später wurde es auch im Sinne des Wortes »je« als Preisangabe eingesetzt (fünf Dosen @ zwanzig Cent), und im 18. Jahrhundert fand es an Reichskammergerichten als Abkürzung für das »contra« in der Beschreibung von Rechtsfällen Verwendung: »Der Fall Kleopatra @ Caesar«.

Dank Ray Tomlinson ist das @-Zeichen nun auch in Kulturen gebräuchlich, die völlig andere Zeichensätze verwenden. Das liegt am großen Erfolg der E-Mail, die nicht selten als Killer-Application des Internets bezeichnet wird.

Wohl auch deshalb war das @-Zeichen jahrelang das Symbol für Modernität und digitalen Fortschritt – ebenfalls über Sprach- und Zeichensatzgrenzen hinweg. Den Siegeszug des

Zeichens kann man erspüren, wenn man sich auf die Suche nach landestypischen Äquivalenten zu der im deutschsprachigen Raum geläufigen Bezeichnung »Klammeraffe« macht. Denn auch in anderen Ländern gibt es derartige Spaßbezeichnungen für das @-Zeichen: So erkennen die Schweden in ihm beispielsweise eine Zimtschnecke, die Dänen einen Elefantenrüssel und die Japaner einen Wasserwirbel.

Dass das @-Zeichen so beliebt ist, liegt auch daran, dass nahezu jeder, der das Internet nutzt, auch eines in seinem Namen führt – in seiner Mailadresse. Laut einer Studie der Radicati Group aus dem Jahr 2016 gibt es heute fast vier Milliarden Mailadressen, über die täglich 183 Milliarden Botschaften verschickt werden. Die erste Mailadresse, von der aus eine Mail verschickt wurde, stammt aus dem Jahr 1971, sie lautete schlicht tomlinson@bbntenexa.

Seit einigen Jahren ist immer mal wieder die Prognose zu lesen, die E-Mail verliere an Bedeutung. Untermauert wird dies mit dem Siegeszug der sozialen Medien und der Tatsache, dass junge Menschen vor allem dort kommunizieren würden. Die bereits zitierte Studie bestätigt diese Annahme, geht aber auch davon aus, dass die E-Mail im beruflichen Zusammenhang sogar noch an Bedeutung gewinnen wird. Deshalb habe ich im Folgenden vier typische Mails herausgefiltert, anhand derer man beschreiben kann, wie Menschen (und Maschinen) diese besondere Form der Kommunikation nutzen.

Denn dass das berufliche Mailaufkommen eher ansteigen wird, ist für Büromenschen absolut nachvollziehbar. In ihrem Berufsalltag scheint die Mailmasse täglich mehr zu werden, deshalb raten Experten dazu, die eingehende Post zu sortieren – also zu filtern. Denn nicht alle elektronischen Briefe sind gleich wichtig und müssen gleich dringend beantwortet werden. Manche brauchen gar keine Antwort. Aufmerksame Absender achten darauf, indem sie die Abkürzung NRR verwenden, was für »Keine Antwort nötig« steht (No reply required; oder alternativ: NNTR für »No need to reply«) und ein aktiver Ansatz ist, um das Mailaufkommen zu reduzieren. In die gleiche Richtung weisen Produktivitätsratgeber wie *Inbox Zero* von Merlin Mann, die Routinen demonstrieren, um einen leeren Posteingang zu haben. Ein anderer Ansatz besteht darin, nur zu festen Zeiten und nur für eine festgelegte Dauer E-Mails zu lesen und zu schreiben. Ziel dieser Aktivitäten: den Aufwand reduzieren, den Menschen mit Mails verbringen.

Wenn Sie dazu Inspiration benötigen, empfehle ich die Seite emailcharter.org, die zehn Regeln aufgestellt hat, um effizienter mit Mails umzugehen. Diese reichen von »Respektiere die Zeit deiner Empfänger« bis zu »Sich kurz zu fassen ist nicht unhöflich«. Ein Punkt, den die *Gebrauchsanweisung* dabei ergänzen würde, lautet: Halten Sie sich von diesen vier Mails fern!

DIE RUNDMAIL »AN ALLE«

Darum geht's: Das Internet ist – wir haben es bereits angesprochen – eine riesige Kopiermaschine. In wenigen Bereichen ist es greifbarer als im Versand von Massenmails. Denn ob eine Mail einen oder mehrere Empfänger hat, spielt im digitalen Versand keine Rolle. Dadurch ist ein erstaunlich verbreitetes Phänomen vor allem in der beruflichen Kommunikation entstanden, das als »Durchschrift-Druck« beschrieben werden kann. Die Abkürzung CC steht für das englische Carbon copy, was ursprünglich mal eine Durchschrift bezeichnete. Gerade in der beruflichen Kommunikation hat sich das »in CC setzen« zu einem Druckmittel entwickelt. Wer die Bitte um eine Information in CC auch an den Chef verschickt, signalisiert dem Empfänger: »Wenn du nicht schnell und richtig reagierst, verpetze ich dich beim Chef.«

Wer verschickt solche Mails? Aufmerksamkeitssuchende Mitarbeiterinnen und Mitarbeiter, die sich auf der höheren Hierarchiestufe bemerkbar machen wollen.

Was können Sie tun? Auf keinen Fall »an alle« antworten. Mit jeder weiteren Durchschrift-Mail multiplizieren Sie das Problem. Wer auf eine Massenmail an alle antwortet: »Bitte schicken Sie mir keine Mails mehr«, macht sich nicht nur lächerlich, sondern provoziert weitere Antworten. Deshalb: Antworten Sie so selten wie möglich an alle, sondern am besten nur an den Absender. Sollte er wirklich die böse Absicht im Sinn gehabt haben, Sie an höherer Stelle anzuschwärzen, wird ihn dies ohnehin am meisten ärgern.

DER LUSTIGE LINK

Darum geht's: Jemand hat etwas vermeintlich Bedeutsames im Internet entdeckt und möchte Sie darauf hinweisen.

Wer verschickt solche Mails? Social-Media-Skeptiker und Spam-Angreifer – sowie ganz selten jemand, der etwas vermeintlich Bedeutsames im Internet entdeckt hat.

Was können Sie tun? Lassen Sie Vorsicht walten. Seit sich das Wissen darum verbreitet hat, unbekannte Dateianhänge nicht zu öffnen, sind »Hier guck mal«-Links zu einer der wichtigsten Angriffsmethoden geworden. Man weckt das Interesse des Empfängers mit Betreffzeilen wie »Bist du das?« und fügt in der Mail einzig einen Link ein, der auf eine betrügerische Seite führt. Das Prinzip ist so populär, dass es nicht selten auch in sozialen Netzwerken zur Anwendung kommt. Per Mail erhalten Sie davon Kenntnis, wenn Sie eine Benachrichtigungsmail bekommen.

DIE BENACHRICHTIGUNGSMAIL

Darum geht's: Jemand hat Ihnen eine Nachricht gesendet – und zwar nicht per Mail, sondern in einem sozialen Netzwerk. Darauf weist diese Mail hin – mit der Bitte, jetzt hier zu klicken, um die Nachricht zu lesen: »Verwende bitte unser soziales Netzwerk, um zu antworten.«

Wer verschickt solche Mails? Soziale Netzwerke. Es geht darum, Sie zurück auf die Plattform zu holen. Dabei haben sich Mails als guter Köder erwiesen. Das ist deshalb erstaunlich, weil es ja die sozialen Netzwerke sind, die gerne behaupten, ihre internen Botschaftssysteme oder Chats seien gerade dabei, die E-Mail als Kommunikationstool abzulösen. Für das Jahr 2017 ermittelte eine Studie sogar, dass die Zahl der Social-Media- und Messenger-Konten die der Mailadressen übersteigt. Dennoch erfreut sich die E-Mail weiterhin großer Beliebtheit: mindestens als Benachrichtigung über Aktivitäten im sozialen Netzwerk. Besonders gut funktionieren dabei solche Mails, in denen Namen auftauchen – entweder als getarnter Absender (Dein Kumpel – via soziales Netzwerk) oder mindestens in der Betreffzeile (Dein Kumpel hat eine Nachricht für dich). Das klappt viel besser als der reine Hinweis, dass im sozialen Netzwerk eine neue Nachricht vorliegt.

Was können Sie tun? Bestellen Sie diese Hinweismails ab. Wenn Sie in sozialen Netzwerken aktiv sind, kriegen Sie auch so mit, wenn jemand dort Kontakt mit Ihnen aufnehmen will. Wenn Sie in den Netzwerken nicht aktiv sind, müssen Sie dort auch keinen Kontakt mit anderen Menschen halten.

DIE SPAM-MAIL VOM REICHEN ERBONKEL

Darum geht's: »Mein Name ist Solindo Malinga, diese E-Mail mag Sie verwundern. Ich habe entschieden, mit meinem Erbe in Höhe von US$ 12 500 000 nach Holland zu ziehen.« So oder so ähnlich beginnt diese Mail aus der Liste typischer Treffer im Posteingang, bei denen Vorsicht geboten ist. Gemeinsam ist allen Varianten dieses Typs, dass sie einerseits eine sehr hohe Geldzahlung in Aussicht stellen (meist geht es um ein Erbe), die aber andererseits nur möglich wird, wenn der Empfänger vorher selbst Geld in die Hand nimmt. Man ahnt es schon, diese Geldbewegung, die von Ihnen erbeten wird, ist am Ende die einzige. Deshalb ist vor diesen Mails vom unbekannten Erbonkel dringend zu warnen – vor der Geldbewegung natürlich umso mehr!

Wer verschickt solche Mails? Gehackte fremde Konten. Diese Form der Spam-Mails wird auch von Accounts verschickt, zu denen sich Betrüger Zugang verschafft haben. Das Ziel dabei: Das Interesse der Empfänger zu wecken und womöglich tatsächlich eine Geldzahlung auszulösen.

Was können Sie tun? Lassen Sie sich nicht in die Irre führen. Wie bei der Lustiger-Link-Mail sollten Sie sehr sicher sein, dass die Mail, die Sie gerade öffnen, tatsächlich die ist, wofür Sie sie halten.

EOM

Diese Abkürzung steht für »End of Message« (Ende der Nachricht), und man muss sie einfach am Ende eines Mailkapitels zitieren. Man kann sie in der Betreffzeile einer Mail nutzen, wenn man nur eine sehr kurze Botschaft hat, die in den Betreff passt. Um diese dem Empfänger klarzumachen, schließt man die Botschaft mit diesem Kürzel ab: eom. »Lesen Sie das nächste Kapitel über Verschlüsselung eom.«

Vorhängeschlösser für Postkarten – oder Warum »TadtBGfdl:WeIP-abnl« ein gutes Passwort ist

tl;dr

Wer eine Mail verschickt, sollte sich stets in Erinnerung rufen: Sie ist so geheim wie eine Postkarte. Wer mehr Privatsphäre in der Kommunikation wünscht, sollte sich mit Verschlüsselung befassen. Das ist weniger kompliziert, als man denkt. Und ebenfalls gar nicht so kompliziert ist es, ein gutes Passwort zu finden. Dabei gilt die Faustregel: Ein Passwort ist wie eine Zahnbürste. Man sollte es niemandem geben und regelmäßig wechseln.

Falls Sie denken, ein Kapitel über die Verschlüsselung von Nachrichten sei für Sie nicht relevant, bitte ich Sie, noch einmal ein paar Seiten zurückzublättern. Lesen Sie doch bitte noch einmal das Kapitel über die typischen Mails und ersetzen Sie das Wort »E-Mail« durch das Wort »Postkarte«.

Wenn Sie eine Mail verschicken, ist diese nämlich genauso geheim wie eine Postkarte. Dieses Wissen sollten Sie nicht nur bei der Lektüre typischer Mails im Hinterkopf haben, sondern auch, wenn Sie eine Mail von Ihrer Bank oder von Ihrem Arzt erhalten. Alles, was Sie dort an vertraulichen Informationen finden, würden Sie vermutlich nur ungern auf einer Postkarte lesen wollen, die Sie aus Ihrem Briefkasten holen. Bei einem Urlaubsgruß (»Gutes Wetter, viel Sonnenschein«) mag das akzeptabel sein, da es aber für persönliche Daten eher unangebracht ist, sollten Sie sich mit den Grundideen der Verschlüsselung vertraut machen. Denn so kann es Ihnen gelingen, Ihren Mails nicht nur einen – bildlich gesprochen – Briefumschlag zu schenken, sondern auch sicherzustellen, dass nur derjenige diesen öffnen kann, für den die Mail bestimmt ist.

Das Prinzip, eine Information zu verschlüsseln, hat zunächst nichts mit dem Versand von E-Mails zu tun. Man kann auch Dokumente oder Festplatten verschlüsseln, die an einem Ort verbleiben. Als Verschlüsselung beschreibt man sehr grundsätzlich den Prozess, bei dem eine Information (Klartext) so chiffriert wird, dass sie nicht mehr erkennbar ist (Geheimtext). Diese Methode lässt sich im Grunde mit dem Prinzip der Wortersetzung vergleichen, um das ich Sie weiter oben gebeten habe. Dabei haben Sie das Wort »E-Mail« in das Wort »Postkarte« chiffriert. Dadurch ist aus dem Klartext natürlich noch kein Geheimtext geworden, aber Sie haben sich dem Grundprinzip der Verschlüsselung angenähert. Dieses kann man besonders anschaulich am Beispiel der sogenannten Caesar-Verschlüsselung illustrieren, die ihren Namen dem römischen Feldherrn Julius Caesar verdankt, der Botschaften angeblich auf die folgende Weise verschlüsselt, also chiffriert hat: Er ordnete jedem Buchstaben der Klartext-Nachricht einen Buchstaben der Geheimtext-Nachricht zu – und zwar stets in der Reihenfolge des Alphabets, aber um ein paar Stellen verschoben. Ein A im Klartext entspricht dann im Geheimtext einem D, ein B im Klartext ist ein E im Geheimtext, und ein Klartext-C entspricht einem Geheimtext-F. Das Alphabet ist im Klar- und im Geheimtext also stets um drei Stellen verschoben. Eine Caesar–Verschlüsselung würde aus dem Wort »Internet« (Klartext) im Geheimtext das Wort »LQWHUQHW« machen. Um es zu entschlüsseln, muss man die Rechenanweisung (Verschiebung im Alphabet) und den Schlüssel (Anzahl der Stellen, um die verschoben wird) kennen.

Um die konkrete Anwendung von Verschlüsselungen kennenzulernen, wenden wir uns noch einmal dem Versand von E-Mails – und dem Verschlüsselungsstandard PGP zu. Diese Abkürzung steht für Pretty Good Privacy (»ziemlich gute Privatsphäre«) und wurde Anfang der 1990er-Jahre von Phil Zimmerman entwickelt, der für PGP auf eine in der Geschichte der Verschlüsselung sehr junge Methode zurückgriff. Herkömmliche Verschlüsselungsmethoden verwenden fürs Chiffrieren und Dechiffrieren einen Schlüssel, den man weiterreichen oder duplizieren muss, um die Nachricht zu entschlüsseln. Man spricht von einer symmetrischen Verschlüsselungsmethode. PGP hingegen verwendet die sogenannte Public-Key-Verschlüsselung (»öffentlicher Schlüssel«). Dabei unterscheidet man einen privaten Schlüssel und einen öffentlichen Schlüssel und spricht deshalb von einer asymmetrischen Methode. Den beiden Schlüsseln kommen in diesem Prozess unterschiedliche Aufgaben zu. Mit dem öffentlichen Schlüssel kann man Nachrichten nur chiffrieren, aber nicht dechiffrieren. Man kann ihn sich wie ein Vorhängeschloss vorstellen, mit dem man ein Paket verschließt. Öffnen – also dechiffrieren – kann man dieses Paket nur dann, wenn man den Schlüssel für dieses Vorhängeschloss besitzt. Dieser Schlüssel ist der sogenannte private Schlüssel, den man stets für sich behält – und der allein auf das Vorhängeschloss passt. Öffentlicher und privater Schlüssel bilden so ein festes Paar, von dem aber nur der öffentliche Teil bekannt ist.

Will der Nutzer Julius auf diese Weise der Nutzerin Kleopatra eine Nachricht schicken, muss er dafür zunächst den öffentlichen Schlüssel von Kleopatra kennen. Diesen hat Kleopatra auf einem Schlüsselserver eingetragen und für andere zugänglich gemacht. Vielleicht hat sie diesen Schlüssel auch auf ihrem Weblog im Impressum hinterlegt. Julius schreibt seine Nachricht an Kleopatra und schließt diese mit ihrem öffentlichen Schlüssel ab. Kleopatra erhält diese Nachricht und kann sie mithilfe ihres privaten Schlüssels öffnen. Damit dies gelingen kann, brauchen Julius und Kleopatra beide jeweils ein Schlüsselpaar (aus öffentlichem und privatem Schlüssel), und sie benötigen zu ihrem Betriebssystem passende Software. Eine sehr gute Übersicht über die passende PGP-Software für unterschiedliche Rechner und Smartphones gibt es zum Beispiel unter openpgp.org.

Bevor wir der Frage nachgehen, wie Kleopatra ihren öffentlichen Schlüssel erstellt und wie sie ihren privaten Schlüssel schützt, müssen wir noch sichergehen, dass Julius auch wirklich Julius ist. Denn theoretisch könnte auch der Nutzer Marcus Porcius eine Nachricht an Kleopatra senden, in der er nur so tut, als wäre er Julius. Um sicherzustellen, dass der Absender einer Nachricht auch authentisch ist, nutzt PGP die sogenannte digitale Signatur, die das oben beschriebene Public-Key-Verfahren nützt, um sicherzustellen, dass die Nachricht von Julius auch tatsächlich von ihm stammt.

Details zum Prinzip der digitalen Signatur findet man auf der genannten PGP-Website. Dort ist auch erläutert, wie man ein Schlüsselpaar erstellt. Das ist technisch sehr einfach, verlangt aber vor allem Ihre kulturelle Kompetenz. Denn um den privaten Schlüssel zu schützen, verlangt PGP jedes Mal eine sogenannte Passphrase. Dabei handelt es sich um ein Passwort, das sehr viel länger und damit auch komplizierter ist als ein wirklicher Begriff oder ein aus zufällig zusammengefügten Buchstaben zusammengesetztes Passwort. Diese Passphrase sollte jedes Mal wieder eingegeben werden, wenn man seinen privaten Schlüssel nutzt, also eine Mail dechiffriert. PGP-Anwender nennen diese Passphrase vermutlich auch deshalb »Mantra«, weil sie sehr häufig eingegeben werden muss. Natürlich kann man sie auch speichern, was aber dazu führt, dass jeder, der Zugang zu dem Rechner hat, verschlüsselt in Ihrem Namen kommunizieren kann.

Doch das oben beschriebene System der Vertraulichkeit durch Verschlüsselung bricht natürlich in sich zusammen, wenn es durch ein schlechtes Passwort gesichert ist. Was jedoch ein gutes Passwort ist, lässt sich gar nicht so leicht festlegen. Denn anders als man vielleicht denken mag, reicht es nicht aus, ein Passwort so zu bauen, dass es nicht von anderen Menschen erraten werden kann. Ein gutes Passwort muss vor allem so sein, dass auch ein Computer es nicht errät. Denn Computer können dafür auf ganze Wörterbücher zurückgreifen, deren Begriffe sie in hoher Geschwindigkeit durchraten lassen. Deshalb sollten Passwörter so gewählt sein, dass es sich gar nicht um Wörter handelt. Begriffe, die in Wörterbüchern stehen, sollte man niemals als Passwort verwenden, empfehlen Experten. Stattdessen sollte man möglichst lange Kombinationen aus möglichst vielen Buchstaben, Schriftzeichen und Ziffern bilden. Dieser Ratschlag steht zum Beispiel auch auf der Website des Bundesamtes für Sicherheit in der Informationstechnologie. Doch selbst diese Empfehlung beurteilen manche als zu lasch. Denn die Fähigkeit von Computern, Passwörter zu erraten, nimmt zu – was vor allem bedeutet: Sie können immer schneller immer mehr Begriffe durchraten.

Deshalb empfehlen immer mehr Fachleute wie bei PGP ganze Phrasen als Passwort. Diese sind nicht nur entschieden viel länger als die Passwörter, sondern noch viel schwerer zu erraten. So könnte man zum Beispiel die ersten Buchstaben eines längeren Satzes oder eines Liedzitats zusammenfügen. Aus der Phrase »*Tipp aus dem tollen Buch* Gebrauchsanweisung für das Internet: *Wähle ein langes Passwort – am besten noch länger*« könnte so das Passwort »TadtBGfdI:WelP-abnl« werden.

Nun ist es das eine, auf so ein Passwort zu kommen. Die vermutlich sogar wichtigere Frage lautet: Wie merkt man sich so ein Passwort? Zumindest wird mir diese Frage sehr häufig gestellt. Der Umgang mit Passwörtern ist nämlich ein Bereich, über den man als selbst ernannter Reiseführer für die Destination Internet sehr häufig Auskunft geben muss. Ich empfehle dann immer sogenannte Passwort-Manager. Dabei handelt es sich um Programme, die jeder sehr einfach installieren kann und die wie ein Passwort-Safe funktionieren. Man sperrt dort alle Passwörter ein und muss sich diese deshalb gar nicht mehr merken. Der große Vorteil dieser Programme: Sie sind in der Lage, äußerst starke Passwörter auch im Zufallsmodus herzustellen. Ihr großer Nachteil: Man muss sich zur Nutzung ein Masterpasswort merken, das alle anderen Zugangscodes schützt. Um dieses nicht zu vergessen, bieten sich Eselsbrücken an. Erinnern Sie sich noch, warum ich »TadtBGfdI:WelP-abnl« für ein gutes Passwort halte? Genau – es setzt sich aus den Anfangsbuchstaben eines Satzes zusammen, den man sich vermutlich leichter merken kann.

Wichtig bei Passwörtern ist oft gar nicht nur das Passwort selbst, sondern die Art und Häufigkeit, wie es verwendet wird. Ein schöner Vergleich, der einen im Wortsinn hygienischen Umgang mit Passwörtern illustriert, lautet: »Ein Passwort ist wie eine Zahnbürste. Man sollte es niemandem geben, und man sollte es regelmäßig wechseln.« Denn so wie bei einer Zahnbürste mit der Zeit die Reinigungskraft nachlässt, wächst bei einem sehr alten Passwort die Gefahr, dass es zum Beispiel bei einem Datendiebstahl erbeutet wurde und so auf einer Liste gelandet ist, die für sogenannte Wörterbuch-Angriffe verwendet wird. Ob dabei die Strategie einiger Unternehmen sinnvoll ist, innerhalb weniger Wochen ständig neue Passwörter zu nutzen, ist umstritten. Es gibt auch die These, dass ein sehr häufiger Wechsel der Passwörter Menschen dazu verleitet, eher leichte Varianten zu wählen, die sie sich besser merken können.

Regelmäßiger Wechsel bedeutet aber auch: Man sollte auf unterschiedlichen Plattformen auch unterschiedliche Passwörter oder Passphrasen verwenden. So verhindert man, dass, wenn ein Passwort erraten wird, der Angreifer damit gleich Zugriff auf alle digitalen Präsenzen erlangen kann. Der US-Autor Mat Honan hat im Jahr 2013 in einer Geschichte für das Magazin *Wired* beschrieben, wie bösartige Hacker sich seiner digitalen Identität bemächtigten. Sie nutzten dabei neben zahlreichen Schwachstellen in den Sicherheitseinstellungen von Unternehmen unter anderem auch die Tatsache aus, dass Honan auf sehr vielen Plattformen das immer gleiche Passwort verwendet hatte.

Dies veranlasste einige Unternehmen, eine zweite Sicherung neben dem Passwort einzuführen. Bei der sogenannten Zwei-Faktor-Authentifizierung (2FA) wird neben dem Passwort eine mehrstellige PIN-Nummer verlangt, die der Nutzer auf sein Smartphone geschickt bekommt. Dafür muss der Nutzer seine Handynummer hinterlegen, stellt damit aber sicher, dass ein Zugriff auf sein Konto nicht einzig über ein Passwort gesichert wird. Dieses Prinzip wird zum Beispiel auch bei Bankkarten eingesetzt. Die Karte allein gewährt häufig noch keinen Zugang, es muss auch eine passende PIN-Nummer bekannt sein.

Dass man sein Passwort – wie eine Zahnbürste – für sich behält, erscheint selbstverständlich. Es nicht weiterzugeben heißt dabei aber auch: Man sollte es nicht auf einem Zettel notieren und an den Bildschirm kleben. Am besten, so empfehlen Experten, notiert man Passwörter eben gar nicht, sondern überlässt dies dem erwähnten Passwort-Manager. Dabei sollte man aber nie vergessen: Wer Zugang zum Masterpasswort erlangt, bekommt damit auch Zugriff auf alle anderen Accounts des Nutzers.

Weil man diesen Nachteil nie vollständig ausschließen kann, ist in den vergangenen Jahren die Forderung immer lauter geworden, statt Passwörter biometrische Daten zur Authentifizierung zu verwenden. So kann man zum Beispiel mittlerweile Smartphones einzig durch seinen vermeintlich einzigartigen Fingerabdruck entsperren. Diese Methode wirkt auf den ersten Blick gut, sie hat aber ein doppeltes Problem. Einerseits haben Hacker vom Chaos Computer Club wiederholt nachgewiesen, dass diese Methoden nicht fälschungssicher sind. Es besteht also die Gefahr, dass der einzigartige Fingerabdruck sehr wohl kopiert werden kann – indem er wie bei der Spurensicherung zum Beispiel von einem Glas, das man angefasst hat, abgenommen und dann auf einen festen Untergrund übertragen wird, der die Fingerabdruck-Sicherung entsperrt – obwohl nicht der Besitzer des Fingers vor dem Gerät steht.

Dadurch ist nicht nur der Schutz des Gerätes zerstört, es eröffnet sich zweitens ein ungleich schwerwiegenderes Problem: Denn anders als ein Passwort kann man einen Fingerabdruck nicht zurücksetzen lassen und dann verändern. Fingerabdrücke oder auch Gesichtserkennung ist nicht veränderbar – und wird deshalb von Experten ebenfalls sehr skeptisch gesehen.

Wir sind geradezu dazu verpflichtet, uns sehr achtsam und mündig im Netz zu bewegen. Grundlegende Skepsis im Umgang mit Sicherheitseinstellungen und eine hohe Aufmerksamkeit für mögliche Angriffe sind auch durch technologische Erfindungen nicht ersetzbar.

Die Sprache: Grundlagen des digitalen Dialekts 😍👍😂

tl;dr

Das Internet hat einen eigenen Stil von Sprache erfunden. Man könnte ihn digitalen Dialekt nennen – er umfasst auch Emojis und Abkürzungen.

Am 19. September 1982 hob der spätere Informatikprofessor Scott E. Fahlman den digitalen Dialekt auf eine neue Ebene. Sein Beitrag in einer Diskussionsgruppe der Carnegie Mellon University in Pittsburgh ist auf 11.44 Uhr datiert – und gilt als Geburtsstunde des ersten Emoticons der Welt. Es handelt sich dabei um die Vermenschlichung von Schriftzeichen, die in einem neuen Kontext eine andere als ihre ursprüngliche Bedeutung erlangen. Fahlman schrieb damals: »Ich schlage die folgende Zeichenfolge als Ausdruck für Witzemacher vor«, und ergänzte dann die Schriftzeichen Doppelpunkt, Bindestrich, Klammer zu. Dann schrieb er: »Man muss es seitwärts lesen :-) Aber vielleicht brauchen wir eher ein Zeichen, das Dinge benennt, die NICHT lustig sind: :-(«.

Dieser Eintrag wird internethistorisch als Geburt des Smileys verstanden. Das Grinsegesicht als Ausdruck der Freude ist somit so etwas wie der Großvater der heutigen Generation der Emojis, die etwas moderner und technologisch ausgereifter daherkommen, aber auf das gleiche Prinzip setzen: Bilder und Symbole zu schaffen, die Emotionen ausdrücken sollen. Genau deshalb fühlt sich der britische Kulturkritiker Jonathan Jones ans alte Ägypten erinnert. Für ihn droht durch die Verwendung von Emojis Gefahr: »Wir rasen zurück in die Welt des alten Ägypten«, schreibt er im Mai 2015 im *Guardian* und ergänzt: »Nächste Haltestelle ist die Steinzeit – mit großen gelben Grimassen in unseren Gesichtern.« Jonathan Jones' Wut richtet sich gegen die »hirnlosen kleinen Icons«, die er so grundlegend ablehnt, dass er in seinem Text zu dem Schluss kommt: »Aber der einfachste gesunde Menschenverstand erkennt historisch wie anthropologisch, dass Emojis auf keine Weise als Fortschritt verstanden werden können. Sie sind einfach ein Rückschritt.«[23]

Dabei gibt es nicht wenige Sprachforscher, die seinem ersten Eindruck widersprechen – und in der scheinbar oberflächlichen Kommunikation über Bildchen und Symbole einen Ausdruck steigender Kreativität entdecken. Der Linguist Vyvyan Evans, der das Buch *The Emoji Code* verfasst hat, stellt mit Blick auf die Emojis fest: »Viele Menschen halten sie für einen Ausdruck des kulturellen Niedergangs. Aber diese Kritik verkennt die Natur menschlicher Kommunikation.«[24] Sprache, so sein Argument, habe sich schon immer passende Wege gesucht und sei nie statisch gewesen – sondern stets auf Veränderung angelegt. Und die jüngsten Veränderungen basieren nun einmal auf der besonderen Form des geschriebenen Sprechens – dem Chatten.

Die jüngste Generation des digitalen Dialekts stammt aus Japan und wurde dort in den 1990er-Jahren von einem Mitarbeiter des japanischen Telekommunikationsanbieters NTT DoCoMo erfunden: Shigetaka Kurita kritzelte damals mit Bleistift kleine Bilder aufs Papier, die die Grundlage für die heute als Emojis bekannten Bilder wurden. Aus den Kritzeleien wurden 12 x 12 Pixel große digitale Piktogramme, die NTT DoCoMo nutzte, um japanischen Teenagern die Nutzung des im Jahr 1999 aktuellen i-mode-Dienstes schmackhaft zu machen. Siebzehn Jahre später schenkte NTT die Bilder der ersten 176 Emojis, die Kurita damals erschuf, dem New Yorker Museum of Modern Art (MoMA). Dort werden sie jetzt als historischer Meilenstein der digitalen Kommunikation ausgestellt. Die Kuratorin Paola Antonelli vom MoMA wählte in den Presseberichten zu den Emojis übrigens ebenfalls den Vergleich mit den Hieroglyphen. Aber anders als für den Kulturkritiker Jones sind die Emojis für sie Ausdruck für den Wert der digitalen Kommunikation.

Egal, ob man dieser Einschätzung folgen mag oder nicht: Wenn nicht an Wert, so gewinnen Emojis immerhin an Ausmaß. Aus den 176 Exemplaren, die Kurita 1999 erstellte, sind mittlerweile über 2600 unterschiedliche Emojis geworden. Nachzählen kann man das auf der Website des Unicode-Konsortiums, das sich seit 2010 auch um die Standardisierung der kleinen Bildchen kümmert. Die zentrale Aufgabe dieses Gremiums ist es, verbindliche Standards zu schaffen, an die sich Anbieter aller Plattformen halten, wenn sie Schriftzeichen oder eben Emojis anzeigen. Da diese sehr heterogen sind, ist dieser Prozess der Standardisierung von großer Bedeutung – was man wunderbar am Beispiel der Wasserpistole illustrieren kann: Das Symbol der Wasserpistole zeigt sehr anschaulich, was passiert, wenn man sich nicht an die Vorgaben des Unicode-Konsortiums hält – und weshalb es sinnvoll ist, dass es diesen Zusammenschluss und die von ihm gesetzten Standards gibt. Im Sommer 2016 kündigte die Firma Apple an, das Emoji für eine Pistole künftig zu entschärfen – also statt einer echten Waffe eine Wasserpistole zu zeigen. Das mag auf den ersten Blick sinnvoll erscheinen. Da aber nur ein Anbieter, nämlich Apple, die Veränderung wirklich vornahm, wurde aus diesem Schritt ein Angriff auf die Prinzipien des weltweiten Austauschs. Denn wenn nun ein Nutzer eines anderen Betriebssystems eine Wasserpistole von einem Apple-Nutzer geschickt bekommt, wird diese beim Absender zwar als Spielzeug angezeigt, beim Empfänger kommt aber eine echte Waffe an. Der Grund dafür: Das Unicode-Konsortium setzt die Standards dafür, welche Emojis angezeigt werden. Zwar gibt es zwischen den großen Anbietern Unterschiede, vergleichbar mit verschiedenen Akzenten in einer Sprache, aber grundsätzlich zeigen Emojis auf allen unterschiedlichen Plattformen und Betriebssystemen fast die gleichen Bildchen an.

Mit der wachsenden Verbreitung der Emojis entstehen aber auch Probleme, die vorher nicht absehbar waren. Dass dabei auch eine gute Absicht zu neuen Herausforderungen führen kann, zeigt der Entschluss des Unicode-Konsortiums, Emojis in unterschiedlichen Hautfarben und Geschlechtern zuzulassen. So gibt es nicht mehr nur die sehr gelbe Emoji-Hautfarbe, die man vom Smiley kennt, sondern auch weitere Farbschattierungen. Dieser vermeintliche Ausdruck von Diversität wirft allerdings die Frage auf, welche Emoji-Hautfarbe standardmäßig verwendet wird und welche vom Standard abweicht. Gleiches gilt bei der Frage von Geschlechterklischees, die durch bestimmte stereotype Rollenzuschreibungen zum Beispiel in Berufe-Emojis entstehen.

Für Menschen, die den digitalen Dialekt benutzen, spielen diese Dinge eine große Rolle. Besonders deutlich wurde dies, als eine umtriebige Übersetzungsagentur im Jahr 2016 den ersten Emoji-Dolmetscher der Welt suchte. Über die Stellenausschreibung wurde damals ausführlich berichtet, weil man an ihr gut zeigen kann, dass Emojis zwar überall auf der Welt gleich aussehen – aber sehr unterschiedlich aufgenommen werden. So wird das weltweit am häufigsten genutzte Emoji, das Tränen lachende Gesicht, im Nahen Osten ganz anders interpretiert als im Westen: Dort ist es ein Symbol der Trauer, nicht der überschäumenden Freude. Die winkende Hand hat in China die gleiche Bedeutung wie der ausgestreckte Mittelfinger in Deutschland, und das vermutlich unappetitlichste Emoji, das ein lachendes Gesicht im Kackehaufen zeigt, wird in Japan genutzt, um einander Glück zu wünschen.

Aber nicht nur in unterschiedlichen Regionen der Welt werden die Bildchen unterschiedlich interpretiert. So haben manche Bilder auch sexuelle Konnotationen erhalten, die dem unbedarften Nutzer womöglich unklar sind. Die Aubergine wird zum Beispiel in bestimmten Kontexten als Symbol für das männliche Geschlechtsteil verwendet – was ebenfalls die Arbeit von Emoji-Übersetzern nötig machen kann. Dass ihnen die Arbeit nicht ausgeht, dafür sorgt übrigens auch das Unicode-Konsortium. Man kann nämlich auch selbst neue Bildchen vorschlagen. In einem langwierigen Prüfprozess muss man das in Kalifornien beheimatete Gremium davon überzeugen, dass genau dieses Emoji von großer Bedeutung ist, und mit etwas Glück und Geduld kann man sich dann als Mutter oder Vater eines neuen Emojis fühlen (mehr zu dem Thema unter emojination.org).

Manchen Prominenten ist das zu langwierig, sodass Stars wie Kim Kardashian angefangen haben, selbst Emojis auf den Markt zu bringen. Denen fehlt dann allerdings eine entscheidende Fähigkeit: Sie sind nicht auf allen Endgeräten und auf allen Plattformen sichtbar. Denn das ist der Zauber dieses digitalen Dialekts: Er wird über Sprach-, Länder- und Religionsgrenzen hinweg verstanden. Der Autor und Internetexperte Sascha Lobo kommt deshalb zu dem Schluss: »Emojis sind die erste echte universale Sprache. Die positive Wirkung dieser kleinen digitalen Alltagssymbole für Gefühle und Situationen kann kaum hoch genug eingeschätzt werden.« Er hält sie gar für den »Beginn einer Revolution der Verständigung, Emojis sind ein Segen. Ein Segen, der zugegebenermaßen erst durch die Vernetzung so richtig notwendig geworden ist. Und doch markieren Emojis einen unerhörten gesellschaftlichen Fortschritt.«[25]

Wäre das Internet tatsächlich eine Reisedestination: Emojis wären das Symbol für einen besonderen Dialekt, der an einem Reiseziel gesprochen wird. Ein Dialekt, der anders ist als die Regionen, aus denen wir sonst Dialekte kennen: Er ist ortlos – aber er funktioniert nach dem gleichen Prinzip von Zugang und Distinktion, das wir auch von Regionaldialekten kennen. Dialekte sind die sprachliche Verbindung zwischen Menschen, die Gemeinsamkeiten teilen. Bei regionalen Dialekten ist dies der gemeinsame Wohnort, im Web ist es mindestens eine gemeinsam genutzte digitale Technologie – ob sich daraus womöglich auch eine Art digitaler Heimatbegriff ableiten lässt, werde ich im weiteren Verlauf thematisieren. Gemeinsam ist beiden Formen des Dialekts, dass sie als Ausschlusskriterium funktionieren. So wie der Begriff, den man in bestimmten Regionen zum Beispiel für das Endstück eines Brotes verwendet (Knust, Scherzl, Kant), als Beweis dafür dient, dass man der einen oder anderen Gruppe zugehört, so sind auch digitale Begrifflichkeiten Grundlage für diese Form der Unterscheidung. In der Wissenschaft benutzt man hierfür das Wort »Schibboleth« (hebräisch für

Getreideähre); es bedeutet Code- oder Zugangswort. Dieses Prinzip findet sich in zahlreichen Floskeln und stehenden Ausdrücken, die im Netz verwendet werden und die zumindest anfangs niemand außerhalb des Netzes verstand. Die besondere Form des Humors im Netz, der aufgrund seiner leichten Verbreitung häufig als viral bezeichnet wird, basiert genau auf diesem Unterscheidungsmuster. Ob jemand Meme, wie diese Schnipsel genannt werden, versteht oder nicht, sagt etwas über seine Zugehörigkeit aus.

Wenn wir uns dem ortlosen Ort »Internet« auf diese Weise nähern und die dort genutzte Sprache als Dialekt verstehen wollen, müssen wir zunächst ihren Doppelcharakter in den Blick nehmen. Im englischen Begriff des Chattens kommt diese Hybridform des geschriebenen Sprechens besonders gut zum Ausdruck. Das Internet hat eine Form des Schreibens hervorgebracht, die stark vom Sprechen beeinflusst ist und mit immer neuen Abkürzungen und Schriftzeichen die geschriebene Sprache verändert. Chatten ist sozusagen die Voraussetzung für den digitalen Dialekt. Die älteren Formen dieser Version der Internetsprache zeichnen sich vor allem dadurch aus, dass sie sehr komprimiert daherkommen: Abkürzungen bildeten die Grundlage für den digitalen Sprachcode. LOL (Laughing out loud, als Ausdruck lachender Freude) oder OMG (Oh My God, als Ausdruck des Erstaunens oder Entsetzens) wurden häufig in Foren und Boards verwendet und entstanden zunächst, um die getippte Kommunikation zu beschleunigen. Durch die wiederholte Verwendung in bestimmten Gruppen entstand so ein besonderes Gefühl der Verbundenheit bei denjenigen, die sich auf diese Weise verständigten – ein Mechanismus, der zunächst völlig unabhängig vom Internet ist und der immer noch funktioniert. In der jüngeren Vergangenheit konnte man dies an der sogenannten Vong-Sprache sehen, die im deutschsprachigen

Internet verwendet wurde und deren bekanntester Vertreter »I bims« im Jahr 2017 zum Jugendwort des Jahres gewählt wurde. Spätestens damit ist sie jedoch so popularisiert worden, dass sie digitale Dialekt-Puristen schon nicht mehr reizt. Es ist aber davon auszugehen, dass sie neue, reizvollere Ausdrucksformen des digitalen Dialekts finden werden.

Eigenheiten der Bewohner: Neun Typen, auf die Sie im Netz treffen

tl;dr:
Das Internet ist ein Netzwerk von Computern, die von Menschen genutzt werden. Wer sich in dieses Netzwerk begibt, trifft also auf andere Menschen. Das ist nicht anders als außerhalb des Internets – man erkennt sich nur nicht immer sofort. Deshalb sollte man nicht leichtgläubig sein.

Im Jahr 1993 veröffentlichte der Cartoonist Peter Steiner im Magazin *New Yorker* eine Zeichnung, die heute bereits als Klassiker gelten dürfte. Denn auch noch über 25 Jahre später müssen Menschen schmunzeln, wenn sie die beiden Hunde sehen, die in dem Cartoon vor einem Bildschirm sitzen. Der eine sagt dabei zum anderen: »Im Internet weiß niemand, dass du eigentlich ein Hund bist.« Diese Zeichnung ist häufig als Beleg dafür verwendet worden, dass im Netz ein ungutes Maß an Anonymität möglich ist. Dass dieser Comic aber auch einen Aspekt der weltweiten Vernetzung ins Bild setzt, den man Menschlichkeit nennen kann, wurde dabei oft übersehen. Im Netz ist es zunächst einmal egal, welcher Religion du angehörst, welche Sprache du sprichst oder in welchem Land du geboren wurdest. Religions-, Sprach- und Landesgrenzen spielen keine Rolle. Zumindest treten sie deutlich in den Hintergrund. So wie das TCP/IP-Protokoll den Austausch zwischen sehr unterschiedlichen Systemen und Computern ermöglicht, so werden auch Menschen unterschiedlicher Herkunft über das Internet miteinander verbunden.

Dass dieses theoretische Konstrukt in der praktischen Umsetzung dann doch an Grenzen stößt und Menschen das Medium zur Ausgrenzung nutzen, haben wir bereits im Soziale-Netzwerke-Kapitel gesehen. Im Folgenden wollen wir einen nicht ausschließlich ernst gemeinten Blick auf die Typen werfen, die man im Web treffen kann.

Die Offliner

Die einfachste Unterscheidung basiert dabei auf einer Differenz, die Markus Beckedahl und Falk Lüke 2012 in ihrem Buch *Die digitale Gesellschaft* als doppelte digitale Spaltung beschrieben haben. Einerseits müsse man zwischen denjenigen unterscheiden, die einen Internetzugang haben, und jenen, die nicht im Netz sind. Deren Anteil sinkt seit Jahren kontinuierlich. Die größte Studie zur Internetnutzung in Deutschland wird jährlich von den öffentlich-rechtlichen Rundfunkanstalten veröffentlicht. Diese ARD/ZDF-Onlinestudie weist in ihrer Ausgabe aus dem Jahr 2017 nach, dass nur noch rund zehn Prozent der Deutschen als Offliner oder Nonliner geführt werden. »In diesem Jahr sind 62,4 Millionen Menschen der deutschsprachigen Bevölkerung ab 14 Jahren online«, heißt es in der Studie, »dies entspricht einem Anteil von 89,8 Prozent. Die Steigerung liegt bei 4,4

Millionen bzw. sechs Prozentpunkten gegenüber dem Vor-
jahr.«[26]

Nora Normalnutzer

»Die zweite Spaltung«, schreiben Beckedahl und Lüke weiter, »verläuft zwischen den Nutzern des Netzes. Und sie ist
schwerer greifbar.« Die Autoren beschreiben im Folgenden
einen Typus, den sie »Nora Normalnutzer« nennen – und den
wir uns zum Einstieg in die Typologie ausborgen möchten.
Damit meinen sie diejenigen, »die das Internet als notwendi-
ges Werkzeug für bestimmte Aktivitäten benutzen: Hier einmal schnell etwas er- oder versteigern, dort ein günstiges Flug-
oder Bahnticket erwerben, vielleicht ein paar News oder ein
paar Einträge in der Wikipedia lesen oder ein lustiges Video
angucken.«[27] Menschen des Typs »Nora Normalnutzer« sind
für Beckedahl und Lüke passive Teilnehmer am weltweiten
Netz. Sie werden kaum selbst aktiv. Dadurch unterscheiden
sich der Offliner und Nora Normalnutzer von den anderen
sieben Typen, die ich im Folgenden vorstellen möchte.

Die Nerds

In der englischen Comedy-Serie *IT Crowd* sitzen zwei
Nerds im Keller vor ihren Bildschirmen und tun eigentlich
nichts anderes, als Klischees zu erfüllen. Die beiden Hauptfiguren Moss und Roy sind für viele Menschen das Parade-
beispiel für das soziale Etikett eines Nerds. Der Kulturwis-
senschaftler Mathias Mertens wies in einem Interview darauf
hin, dass diese Zuschreibung häufig auf »an Spezialinteressen
hängende Menschen« angewandt wird, »die sich für Computer und Technik begeistern und sozial nicht besonders begabt
sind«[28]. Aus beiden Gründen sind sie – angeblich – im Netz
besonders häufig anzutreffen. Erstaunlich an diesem Typus
ist vor allem der Wandel seiner gesellschaftlichen Wahrneh-

mung. Bezog sich die eher externe Zuschreibung anfangs vor allem auf sozial komplizierte, aber technisch hochkompetente Männer, die uncoole Brillen und Karohemden tragen, wandelte sich das Bild mit der Zeit zu dem eines versierten Fachexperten. Heute ist »Nerd« auch zu einer Selbstbeschreibung geworden. Auch Frauen bezeichnen sich mittlerweile als Nerds oder Geeks – und stellen damit ihre technische Kompetenz heraus. Als soziale Zuschreibung ist der Nerd deshalb kein ausschließendes Kriterium. Er mischt sich immer wieder unter die folgenden Typen. Als unveränderliches Kennzeichen behält er dabei aber stets seine hohe technische Kompetenz und das Interesse an der technischen Gestaltung.

Die Trolle

Ihren Namen verdanken die Trolle einer besonderen Form des Schleppfischens. Doch die wenigsten wissen, dass der Begriff ursprünglich aus dem Angeln stammt. Die meisten Menschen verstehen unter einem Troll einen Unruhestifter in Online-Diskussionen. Mit dem Schleppfischen haben diese das Ködern gemeinsam. Sie versuchen, Diskussionsteilnehmer so zu provozieren, dass diese anbeißen und emotional werden. Diese Tätigkeit wird mit der Verbform »Trollen« bezeichnet, und nicht wenige Menschen stellen sich dabei Fabelwesen aus der nordischen Mythologie vor. Diese werden nämlich auch als Trolle bezeichnet und könnten ebenfalls ein semantischer Ursprung dieses Internettyps sein.

Der Troll sucht Aufmerksamkeit, will stänkern, provozieren und Debatten so an sich reißen, dass sie dabei aus dem Ruder laufen. Wer sich im Web auf Diskussionen einlässt, sollte sich dessen bewusst sein: Es dauert vermutlich nicht lange, bis man auf einen Troll trifft.

Die meisten Menschen sehen dabei vor allem die negativen Eigenschaften des Trolls. Im Rahmen einer »TrollCon«

genannten Konferenz untersuchten im Jahr 2012 Troll-Interessierte aus ganz Deutschland das Spektrum dieses Typs – und stellten fest, dass in der Art des Trollens auch positive Aspekte stecken können. Die Veranstalter formulierten dies so: »Trollerei kann nicht nur destruktiv wirken, sie kann auch eine kreative Rolle im Diskurs spielen und anderen einen Spiegel vorhalten und gesellschaftliche Entwicklungen beschleunigen.«[29] Dass dieser positive Umgang mit Trollen über Humor und Gelassenheit gelingen kann, ist im Social-Media-Kapitel angeklungen.

Die Hacker

Neben dem Nerd und dem Troll gibt es einen dritten Typus, auf den man im Netz trifft und um den sich zahlreiche Klischees ranken. In jedem Fall sind sie die Urheber des Verbs »hacken«, mit dem die technische Veränderung eines Gegenstandes oder Prozesses beschrieben wird. Der Begriff wird mittlerweile so weit gedehnt, dass sogar das Umbauen von Regalen eines Möbelhauses als »Hack« beschrieben wird. Sprachlich verdanken wir den Hackerinnen und Hackern außerdem den Begriff des »Live-Hacks«, mit dem kleine Tricks beschrieben werden, die den Alltag erleichtern. Diese Live-Hacks werden mit großer Begeisterung im Netz geteilt.

Außerdem unterscheidet man »Black Hats«, die auch vor bösartigen Praktiken nicht haltmachen und auch unter dem Label »Cracker« zu finden sind. Seit ein paar Jahren begegnen sie uns vor allem in der Ausprägung »russische Hacker« in den Medien. Von ihnen unterscheidet man diejenigen, die aus guten Motiven handeln, um zum Beispiel Sicherheitslücken aufzuspüren und an die Betreiber zu melden. Diese nennt man »White Hats«. Die »Blue Hats« wiederum arbeiten offiziell mit Computerfirmen zusammen. Sogenannte »Hacktivsten« verfolgen politische oder ideologische Ziele, während man jugendliche Hacker, die noch wenig Erfahrung haben, als »Skript-Kiddies« beschreibt.

Es gibt eine Hacker-Ethik des Chaos Computer Clubs, die folgende acht Regeln formuliert:

1. Der Zugang zu Computern und allem, was einem zeigen kann, wie die Welt funktioniert, sollte unbegrenzt und vollständig sein.
2. Alle Informationen müssen frei sein.
3. Misstraue Autoritäten – fördere Dezentralisierung.
4. Beurteile einen Hacker nach dem, was er tut, und nicht nach üblichen Kriterien wie Aussehen, Alter, Rasse, Geschlecht oder gesellschaftlicher Stellung.
5. Man kann mit einem Computer Kunst und Schönheit schaffen.
6. Computer können dein Leben zum Besseren verändern.
7. Mülle nicht in den Daten anderer Leute.
8. Öffentliche Daten nützen, private Daten schützen.

Die Aktivisten & Helfer

Die Debatte über den Austausch im Web wird häufig von negativen Beispielen dominiert. Vielleicht weil man die positiven Beispiele nicht so gut sieht. Oder weil man sie nicht sehen will. Denn sehr große Teile dessen, was man als »User Generated Content« (von Nutzern erstellte Inhalte) bezeichnet, basiert auf dem Engagement desjenigen Typus, den ich als Aktivisten oder Helfer beschreiben würde. Dieser Typus ist häufig in Foren und in Wikipedia aktiv. Er beantwortet Fragen, schreibt Beiträge und teilt sein Wissen. Das macht er sehr geduldig, sogar dann, wenn die Fragen dumm scheinen oder sich wiederholen. Auch der Aktivist und Helfer kommt dabei allerdings irgendwann an seine Grenzen. Dann greift er auf ein Akronym zurück, das LMGTFY heißt und sich aus den Anfangsbuchstaben des englischen Satzes »Lass mich das für dich im Internet suchen« (Let me google this for you) zusammensetzt. LMGTFY ist mittlerweile zu einem geflügelten Wort für diejenigen Anfragen geworden, die jeder durch einfache Internetrecherche selbst beantworten könnte. Dass diese Informationen online verfügbar sind, liegt oftmals am Engagement der Aktivisten und Helfer – denn sie haben sie dort eingestellt. Dieser Typus ist nämlich durchaus mitteilsam. Deshalb nutzt er die Angebote im Web gern, postet Fotos oder schreibt Blogeinträge.

Die Betrüger

Das Internet ist ein Spiegel der Gesellschaft. So wie man an jedem öffentlichen Platz nicht nur auf wohlmeinende Mitbürger trifft, wird man auch im Netz auf Akteure stoßen, die nur ihr eigenes Wohl im Sinn haben – sogar dann, wenn es zum Schaden anderer ist. Neben den Aktivisten und Helfern findet man auch Typen, die anderen schaden möchten, indem sie Gerüchte oder Falschmeldungen verbreiten oder in böser Absicht Computer und Netzwerke angreifen. Sie verbergen ihre Identität oder täuschen eine andere Identität vor. Das reicht vom sogenannten Phishing, bei dem Nutzerdaten durch gefälschte Mailanfragen abgegriffen werden sollen, bis zum sogenannten Identitätsdiebstahl. Der Betrüger bemächtigt sich dabei der Einwahldaten eines anderen Nutzers, gibt sich als dieser aus – und greift auf seine Konten zu.

Die Lustigen

Es gibt ein in Nachrichtensendungen und auf Nachrichtenwebsites beliebtes Format, das den Titel »Darüber lacht das Internet« trägt. Unter dieser Überschrift folgen meist humorvoll gemeinte Beiträge aus sozialen Netzwerken: lustige Tweets und komische Fotos. Ob diejenigen, die solche

Beiträge veröffentlichen, nun tatsächlich »das Internet« sind und ob diese Beiträge dann wiederum wirklich »zum Lachen« sind – darüber kann man streiten. Man muss aber festhalten: Es gibt im Internet jede Menge Menschen, die sich für lustig halten – und mindestens genauso viele, die gerne lachen. Witze, auch solche, die den guten Geschmack überschreiten, sind äußerst beliebt im Web. Humor ist eine Art Schmierstoff zwischen den Sprach- und Kulturgrenzen. Er drückt sich nicht selten in sogenannten Memes aus. Das sind kleine, sehr leicht teilbare Informationseinheiten, die von Vertretern dieses Typs gerne und ausgiebig verändert und adaptiert werden. Deshalb trifft man Vertreter des lustigen Typs gerne in sozialen Netzwerken, auf Reddit und auf sogenannten Image-Boards wie 4Chan. Allerdings kann man sich über den Humor dort trefflich streiten. Ein deutsches Image-Board, das im Kern einem Forum ähnelt, wurde im Jahr 2009 nach dem Amoklauf in Winnenden bekannt, weil ein Nutzer dort eine gefälschte Ankündigung des Amoklaufs postete. Der Beitrag wurde anschließend von einigen Medien ungeprüft verbreitet.

Bots

Eine vollständige Übersicht über mögliche Typen, auf die man im Internet treffen kann, ist kaum möglich. Es wäre aber fahrlässig, einen Typ unerwähnt zu lassen, der einen sehr großen Anteil am Internet-Traffic hat: Man spricht in Anlehnung an den Begriff des RoBOTers von Bots. Diese treten in unterschiedlichen Formen auf, und es ist sehr wichtig zu wissen, dass nicht jeder Beitrag, den man irgendwo sieht, tatsächlich von einem Menschen stammen muss. Ein sehr großer Anteil des Bot-Traffics fällt auf die weiter oben bereits als Datenkraken vorgestellten Web-Crawler, die für Suchmaschinen das Web durchkämmen. Auf Twitter gibt es aber auch Bots, die sich aktiv in Debatten einmischen. Sie werden eingesetzt, um zu bestimmten Themen und Hashtags zu schreiben – und so Stimmung zu erzeugen. Denn wenn viele Beiträge zu einem Thema erscheinen, entsteht dadurch der Eindruck, viele Menschen würden sich für das Thema interessieren oder sogar diese bestimmte Meinung zu dem Thema teilen. Allein um diesen Eindruck zu erzeugen, werden Bots zur Stimmungsmache eingesetzt. Dies kann politische oder kommerzielle Gründe haben, stets ist jedoch darauf hinzuweisen: Es sind nicht nur Menschen, die im Internet unterwegs sind. Manchmal programmieren Menschen auch Accounts, die nur wirken wie Menschen.

Nachwuchs in Neuland:
Kinder und Internet

tl;dr:

Damit Kinder den richtigen Umgang mit dem Internet lernen, brauchen sie gute Vorbilder. Deshalb kommen Eltern und Lehrer nicht drum herum, sich selbst mit den Technologien auseinanderzusetzen und einen vernünftigen Umgang vorzuleben.

Gibt es ein Foto von Ihrer Einschulung? Wissen Sie, wo Sie es finden können? Irgendwo im Internet? Vielleicht auf Facebook oder Instagram? Vermutlich nicht. Was aber nicht daran liegt, dass man auf Facebook oder Instagram keine Einschulungsfotos finden würde, sondern daran, dass die dort abgebildeten Menschen sie dort in den meisten Fällen nicht selbst hinterlegt haben. Vielleicht, so könnte man kritisieren, sollten die Eltern der so im Internet veröffentlichten Kinder sich mit dem Wesen des Internets befassen. Dann würden sie verstehen, dass ein einmal im Netz veröffentlichtes Bild eben genau das ist: öffentlich. Und man kann durchaus Zweifel daran äußern, ob man Kinderfotos öffentlich machen sollte. Denn die weltweite Vernetzung kann Inhalte auf eine Weise verbreiten, die so unkontrollierbar ist, dass das Foto von der Einschulung sich irgendwann in Kontexten wiederfindet, die man lieber vermeiden möchte. Deshalb startete das Kinderhilfswerk im Jahr 2017 die Aktion #erstdenkendannposten, mit der sie vor allem Eltern dafür sensibilisieren will, verantwortungsvoller mit den Bildern der eigenen Kinder umzugehen.

Die erste Generation der sogenannten Digital Natives ist jetzt in dem Alter, in dem sie Nachwuchs bekommt – und das will sie auch zeigen. Doch den stolzen Eltern sei gesagt, dass hier nicht *mit* den Kindern, sondern *über sie* kommuniziert wird. Als im Winter 2017 zwei Journalisten auf *Spiegel Online* die Frage diskutierten, ob man Kinderfotos im Netz veröffentlichen sollte, riet der Social-Media-Chef des Portals, Torsten Beeck, in seinem Pro-Text deshalb auch: »Was im Rahmen der Diskussion ernst genommen werden sollte, sind vor allem die eigenen Kinder. Die verstehen schnell, was es heißt, dass ein Foto ›gepostet‹ wird, und legen gegebenenfalls auch ihr Veto ein.«[30]

Die Annahme, bei diesem Thema seien Kinder nur die abgebildeten Personen auf den Bildern, läuft in die Irre. Sie selbst und ihre Interessen ernst zu nehmen heißt auch: nicht nur Kinder in Fragen der Medienkompetenz zu schulen. Dies ist aber oftmals der Schwerpunkt von Aktionen wie dem Safer Internet Day. Die Europäische Union fördert das Projekt in allen Mitgliedsstaaten, mit dem Ziel, Kinder und Jugendliche »für mögliche Risiken im Internet zu sensibilisieren« und »ihnen eine telefonische Beratung zu Internet-Themen anzubieten«. In Deutschland wird das Safer Internet Centre durch den Verbund Safer Internet DE umgesetzt.

Diesem gehören neben dem Awareness Centre klicksafe die Internet-Hotlines internet-beschwerdestelle.de und jugendschutz.net sowie das Kinder- und Jugendtelefon von Nummer gegen Kummer (Helpline) an. Das ist eine wichtige und notwendige Arbeit, die von unterschiedlichen Organisationen geleistet wird. Erstaunlich ist dennoch, dass sie sich in erster Linie an Kinder und Jugendliche richtet – ganz so, als sei der Bedarf nach diesen Hilfen bei Erwachsenen nicht gegeben. Dabei wäre es doch, gerade weil die Generation der Eltern eben nur zugezogen ist, ein notwendiger Schritt, dass sie sich Rat und Orientierung einholt – um den eigenen Kindern und Schülern im Umgang mit dem Internet ein Vorbild zu sein. Denn vielleicht unterliegen auch die Eltern einer Entwicklungsstufe, die die Autorin Kathrin Passig mal als »Internetpubertät« beschrieben hat. »So eine Internetpubertät bringt offenbar unabhängig vom Lebensalter recht ähnliche Verhaltensweisen mit sich«, schreibt Kathrin Passig in der *Zeit*. »Laute und nervtötende Klingeltöne hört man in der Öffentlichkeit eigentlich nur noch aus Rentnerhandys. Das hat vermutlich weniger mit Schwerhörigkeit zu tun als damit, dass diese Altersgruppe erst spät in die Phase des Klingeltongetöses eingetreten ist und sie entsprechend später wieder verlassen wird.«[31]

Wie also lernen Kinder den richtigen Umgang mit der Technologie, die für die Generation ihrer Eltern neu, für sie aber selbstverständlich ist? In den Lehrerzimmern und Kultusministerien dieses Landes wird seit Jahren um Antworten auf diese Frage gerungen, denn die Schule ist der Ort, an dem die Wünsche der Eltern- und Großelterngeneration auf die Realitäten der Schülergeneration treffen. Auch in den Generationen zuvor stritten Eltern und Kinder um die richtige Anwendung neuer Technologien und Moden. Das beantwortet die aktuell drängende Frage nach dem angemessenen Umgang mit dem Digitalen zwar noch nicht, gibt ihr aber einen anderen Rahmen, der zu einer Versachlichung der Diskussion führen könnte. Denn dies scheint mir ein notwendiger erster Schritt, um die Mahnungen von beiden Seiten richtig einordnen zu können: Da gibt es einerseits jene, die der Meinung sind, der Umgang mit digitalen Technologien führe zu unumkehrbaren körperlichen Schäden sowie zu schweren Abhängigkeiten bei den Kindern – und sei deshalb auf jeden Fall zu unterbinden. Und andererseits mangelt es auch der Gegenseite nicht an Dringlichkeit, wenn sie mahnt, deutsche Schüler würden den Anschluss verlieren, wenn sie nicht augenblicklich vollverkabelt und ans Internet angeschlossen würden.

Urs Gasser und John Palfrey stellen in ihrem Buch *Generation Internet* mit Blick auf das Netz und den Nachwuchs fest: »Wir befinden uns in einer Übergangsperiode. Digitale Tools werden ihren Platz in Schulen und Bibliotheken finden. Menschen passen sich an neue Situationen erstaunlich gut an. Schwierig wird sein, zu entscheiden, welche Aspekte traditioneller Ausbildung beibehalten werden sollten und welche den neuen, digital gestalteten Prozessen und Werkzeugen weichen sollten. Manchmal bedeutet das, Kindern die Arbeit am Computer beizubringen, manchmal aber auch, sie ganz bewusst wegzulassen. Wir sollten viel besser entscheiden lernen, wann welche Art angebracht ist. Erst dann können wir wirklich umsetzen, was wir über das Lernverhalten von Kids im digitalen Zeitalter erfahren haben.«[32]

Ziel dieses Prozesses ist etwas, was für Kinder wie Erwachsene gilt und als »digitale Souveränität« überschrieben werden kann: ein selbstbestimmter, freier Umgang mit den digitalen Technologien. Man nennt das auch *digital literacy*, eine Alphabetisierung in Bezug auf das Internet. Auf die Liste der Kompetenzen, die die Europäische Union dafür unter dem

Schlagwort DigComp gebündelt hat, werden wir später noch zu sprechen kommen. Zentral ist dabei ein selbstbestimmter, angstfreier Umgang mit dem Internet. Dabei spielt das Vorbild und Vorleben der Eltern- und Lehrergeneration eine wichtige Rolle. Nur wenn Kinder sehen, dass die Erwachsenen in der Lage sind, ihr Smartphone zur Seite zu legen und unter Beachtung bestimmter Regeln (zum Beispiel beim Essen kein Handy) zu benutzen, werden sie auch selbst einen sinnvollen Umgang erlernen. Wer also dem Nachwuchs im Netz einen souveränen Zugang zum Internet ermöglichen will, sollte selbst damit beginnen.

Denn der Weg über gute Vorbilder ist zielführender als eine Diskussion über Verbote oder gar eine Verteufelung der Technologie. Aus diesem Grund halte ich sehr viel von Ansätzen wie dem Mentorenprogramm, das das Projekt »Digitale Helden« anbietet. Dabei sollen Schüler anderen Schülern helfen, einen bewussten Umgang zu erlernen. Die älteren Schüler werden zu Mentoren, sogenannten »Digitalen Helden«, ausgebildet und sollen dann jüngeren Schülern als Vorbild mit Rat und Tat zur Seite stehen. Ein zentraler Ansatzpunkt ist der Umgang mit Smartphones, die sich zum zentralen Endgerät für »das Internet« entwickeln. Auch deshalb entzünden sich an der Frage, wie das Smartphone zu nutzen sei, in vielen Familien zornige Debatten. Ich bin der Meinung, dass man diese nicht löst, indem man Smartphones gänzlich verbietet – wie es die französische Regierung im Winter 2017 für die Schulen des Landes plante. Durch ein komplettes Verbot werden die Geräte nur noch begehrenswerter, und ein selbstbestimmter Umgang kann gleichzeitig noch weniger vorgelebt werden. Ich glaube, dass zur Lösung der Frage Geduld und eine Versachlichung der Debatte notwendig ist. Ein erster Schritt dazu wäre, festzustellen, dass die Geräte nicht per se abhängig machen, sondern als Werkzeuge gute wie schlechte Folgen haben können. Um die guten zu verstärken und die schlechten abzumildern, erscheint es mir hilfreich, sogenannte *best cases* zu teilen: also Beispiele weiterzuerzählen, die gut funktionieren. Denn das Netz und die Smartphones sind, historisch gesehen, recht junge Erfindungen: Wir müssen den Umgang damit erst erlernen. Und lernen gelingt nur, wenn man Fehler machen und daraus Schlüsse ziehen kann. Wenn man so will, sind wir also allesamt Nachwuchs im Netz – gerade dann, wenn wir selbst älter sind als das Internet.

Das Loch in meinem Netz: Das Internet als Überwachungsmaschine

tl;dr:

Es ist das eine, theoretisch über die Möglichkeit des Datensammelns informiert zu sein. Es ist etwas ganz anderes, wenn man plötzlich selbst #nacktimnetz ist. Weil dem Autor genau das passiert ist, fordert er eine Form des digitalen Umweltschutzes.

Als die Kollegin vom NDR mir schrieb, hatte ich noch nie von ihr gehört; wir kannten uns nicht. Mir zumindest war die Fernsehjournalistin nie begegnet. Sie hingegen hatte Zugang zu allem, was ich einen Monat lang im Internet gemacht hatte. Die Daten stammten aus dem Verlauf des Firefox-Browsers aus dem Monat vor unserem im ersten Kapitel zitierten Irlandurlaub – und der letzte Eintrag in der Liste der von mir besuchten Webseiten war eine Google-Suche zum Stichwort »Trinkwasser Irland«. Einige Minuten davor hatte ich die Website einer irischen Fluglinie aufgerufen. Dann endet die

Liste. Im Internetslang könnte man das Abreißen der Daten als AFK beschreiben. Die Abkürzung steht für »Away from keyboard«, also »nicht an der Tastatur«, und wird verwendet, um zu beschreiben, dass ein Nutzer nicht am Rechner sitzt.

Die Liste, die der Kollegin vorlag, dokumentierte jede einzelne Bewegung, die ich in den Tagen zuvor auf meinem Laptop im Internet gemacht hatte. Man hatte ihr diese Daten sozusagen als Probe kostenlos zukommen lassen. Sie hatte sich für eine Recherche als finanzkräftige Datenkäuferin ausgegeben. Ein Datenhändler hatte ihr daraufhin Datensätze von drei Millionen Deutschen als Probe zukommen lassen. Zwar enthielt der Datensatz keine Klarnamen, aber es war ein Leichtes gewesen, diese Daten mir zuzuordnen. Man nennt diesen Vorgang De-Anonymisieren – das ist der Moment, in dem aus sogenannten pseudoanonymen Daten, die nur einer Nummer zuzuordnen sind, ein persönliches Profil wird.

Ich antwortete auf ihre Mail, wir verabredeten uns zum Telefonat – und ich stellte fest: Die Kollegin war doch weiter davon entfernt, mich zu kennen, als ich anfangs dachte. Denn sie hatte den Datensatz nicht durchgeschaut. Die Journalisten waren vertrauensvoll mit den Daten umgegangen, hatten sie verschlüsselt und mit einem Passwort versehen. Wir verabredeten uns zu einem Treffen, bei dem sie mir das Passwort verraten und die Daten zeigen würden. Das Ganze sollte für einen Fernsehbeitrag gefilmt werden, der Anfang November 2016 ausgestrahlt wurde.

Erstaunlich an dieser Recherche, für die die Kollegin vom NDR mehrere Preise erhielt, ist nicht, dass diese Daten existieren, sondern dass sie mich in den Daten gefunden hatte. Denn eigentlich sollte diese Zuordnung rechtlich gar nicht möglich sein. Aber da, wo diese Daten herkamen, liegen noch viel mehr Informationen. Und es ist sehr wahrscheinlich, dass dort auch Daten von Ihnen zu finden sind. Jedenfalls versprechen die Datenhändler genau das. Offiziell heißt es immer, die Daten seien pseudoanonym – also nicht klar einer Person zuzuordnen.

Das ist theoretisch richtig, doch den NDR-Kollegen gelang es mit einem einfachen Skript, Profile aus den Daten zu extrahieren, die dann Personen zugeordnet werden konnten. Dafür suchten sie in den Datensätzen nach Seiten, die nur von den Accounts bestimmter sozialer Netzwerke aufgerufen werden können. In meinem Fall ermöglichte mein Twitter-Account die eindeutige Zuordnung. Denn in dem Datensatz der aufgerufenen Webseiten tauchte auch die Seite analytics. twitter.com/user/dvg/home auf, eine Übersicht, auf die nur Zugriff hat, wer die Zugangsdaten zum Account @dvg kennt. Da dies mein Twitter-Account ist, ist davon auszugehen, dass auch der Browserverlauf zu mir gehört. Die NDR-Kollegin fand auf diese Weise auch Daten von Mandatsträgern und Ermittlungsbeamten, die durch diese Daten womöglich erpressbar wären. Denn der Browserverlauf speichert nicht nur jede Website, die man besucht. Man kann hier auch sehen, welche Begriffe in Googles Übersetzungsmaschine eingegeben wurde, welche Bahnverbindungen und womöglich kompromittierenden Daten gesucht wurden, und wenn es ganz blöd läuft, finden sich in diesen Daten sogar auch Passwörter.

Nach dem Gespräch mit den NDR-Kollegen begann ich, selbst zu recherchieren, um herauszufinden, wo das Loch in meinem Internet war. Ich entdeckte es unter dem Menü-Punkt »Extras« in meinem Browser, hier werden die Add-ons und Plug-ins verwaltet. Diese Erweiterungen im Browser ermöglichen zum Beispiel Verbesserungen beim Surfen im Web. Man kann durch sie zum Beispiel das Geoblocking von einzelnen Videos umgehen oder automatisch Begriffe von besuchten Websites übersetzen lassen. Diese Plug-ins sind sehr beliebt. Ihre Macher haben aber kaum Möglichkeiten, diese Popularität in Umsätze umzuwandeln. Denn die meisten Nutzerinnen und Nutzer bezahlen nicht für den Service – und Werbung ist bei Plug-ins kaum möglich. Und schon sind wir wieder beim oben zitierten Phänomen: Wenn du für ein Produkt nicht bezahlst, bist du selbst das Produkt. (»If you are not paying for the product you are the product.«)

Aus diesem Grund sei ein regelrechter Verwertungsmarkt im Bereich der Plug-ins entstanden, erzählte mir einer, der selbst einmal sehr erfolgreich solche kleinen Programme erstellt hat. Dass ausgerechnet er bat, anonym zu bleiben, ließ mich schmunzeln. So erfuhr ich, dass viele Plug-ins den Zugriff auf den Browser der Nutzer auch dafür verwenden, um Daten zu sammeln. Wie bei einem sogenannten Keylogger werden die Browser damit zu perfekten Überwachungsmaschinen für alles, was im Netz gemacht wird. Diese Daten sind deshalb so beliebt, weil sie sich von denen unterscheiden, die zur Nutzererkennung und Profilbildung durch sogenanntes Tracking beim Surfen eingesammelt werden. Dabei verwenden Websites sogenannte Tracking-Pixel, die das Surfverhalten ihrer Nutzer aufzeichnen – allerdings immer nur auf den Seiten, die ebenfalls ein solches Trackingpixel verwenden. Auch die Nutzererkennung durch sogenannte Cookies (die auf Ihrem Rechner gespeichert werden, damit Sie beim nächsten Besuch wiedererkannt werden) lässt blinde Flecken für die Werbetreibenden, die wissen wollen, wo Sie sich im Web bewegen. Denn ob Sie im nächsten Schritt auf die Website Ihrer Bank oder auf eine andere Seite gehen, lässt sich mit ihnen nicht ermitteln. Deshalb sind die Daten aus den Browser-Plug-ins bei Datenhändlern äußerst beliebt. Sie werden mit den Tracking-Daten kombiniert und können so Nutzerprofile erstellen, die sehr viel genauer sind als das sogenannte Retargeting. Dieses Phänomen kennen Sie bestimmt, wenn Sie schon einmal in einem Online-Shop ein Produkt angeschaut haben und dieses Minuten später auf einer ganz anderen Seite in der Werbung erneut angezeigt bekamen. Diese Form der Erinnerungswerbung basiert auf Trackingdaten Ihres eigenen Surfverhaltens und ist Bestandteil einer neuen Datenschutzrichtlinie der EU, die DSGVO heißt und im Sommer 2018 in Kraft getreten ist. Seitdem ist diese Form der Datensammlung nur erlaubt, wenn die Nutzer ihr auch zustimmen. DSGVO und die sogenannte ePrivacy-Richtlinie der Europäischen Union sind Versuche, des großen Datenthemas Herr zu werden, das nicht nur für mich auch unangenehme Folgen hätte haben können.

Schon in den 1990er-Jahren machte der amerikanische Internetforscher Nicholas Negroponte auf diese Schattenseite des digitalen Wandels aufmerksam. In einem Interview, das im *Kursbuch Internet* im Jahr 1996 erschien, prognostizierte er: »Wenn Sie mich fragen, ist das die dunkle Seite des Internets, die wir auch sehr genau beobachten müssen. Die Privatsphäre mag in der Welt von Bits leichter erreichbar sei als in der Welt von Atomen, aber wenn wir nicht aufpassen, können wir sie auch schneller verlieren.«[33]

Es gibt Menschen, die sagen, wir hätten sie schon verloren. Sie untermauern ihre These mit zwei Namen: Mark Zuckerberg und Edward Snowden. Diese Namen stehen sinnbildlich für die privatwirtschaftliche und die staatliche Form des Datensammelns, bei denen die Nutzer durch Löcher im Netz angezapft werden. Zuckerberg (Jahrgang 1984) und Snowden (Jahrgang 1983) haben beide ihr Geld mit Daten verdient: Doch während der eine damit aufhörte, weil es ihm unmoralisch erschien, baute der andere ein immer weiter wachsendes Netzwerk, das seinen Wert vor allem aus den Daten seiner Nutzer zieht. Der ehemalige Geheimdienst-Mitarbeiter Edward Snowden machte durch seine Enthüllungen im Sommer 2013 die Überwachungspraktiken westlicher Geheimdienste öffentlich und zeigte der Welt, wie diese das Internet nutzen, um die Bevölkerung flächendeckend auszuspionieren. Dass Zuckerberg schon im Jahr 2010 die These vertrat, die soziale Norm rund um den Begriff Privatsphäre habe sich verändert, bestätigt die These vom Ende der Privatsphäre noch weiter.

Ich will mich damit nicht abfinden und empfinde eine große Sympathie für all diejenigen, die nach Edward Snowdens Enthüllungen und aufgrund Mark Zuckerbergs Praktiken gegen die Überwachung kämpfen. Der Wiener Jurist Maximilian Schrems (Jahrgang 1986) setzt sich zum Beispiel als Vorsitzender der Initiative noyb für die Durchsetzung von Datenschutzrechten ein – und zieht dafür auch immer wieder gegen Facebook vor Gericht. Auch die Arbeit anderer Datenschutzaktivisten wie der US-amerikanischen EFF, der Vereine Digitalcourage und Digitale Gesellschaft, des Chaos Computer Clubs und der französischen NGO La Quadrature du Net beweisen, dass dieser Kampf keinesfalls verloren ist, sondern intensiver denn je geführt werden muss. Doch selbst Edward Snowden warnt davor, bei diesem Thema zu resignieren: »Wer behauptet, er interessiere sich nicht für Privatsphäre, weil er nichts zu verbergen habe, verhält sich genau wie jemand, der sagt, Meinungsfreiheit sei ihm egal, weil er nichts zu sagen hat.«[34] Es geht also nicht nur um private Daten und um die persönliche Perspektive, es geht um die gesellschaftliche Ebene der Debatte.

Nach den Recherchen zu #nacktimnetz schrieb ich für die *Süddeutsche Zeitung* über meine Erfahrungen mit diesem konkreten Fall, aber auch über die gesellschaftliche Perspektive auf Privatsphäre in Zeiten des digitalen Wandels. Ich erwähnte natürlich auch die Mail meiner NDR-Kollegin, in der sie mich fragte, ob mich das Thema interessieren würde: »Ich las die Mail zweimal, klickte sie weg und machte sie dann sofort wieder auf. Ob mich das interessiert? Die Frage ist berechtigt. Es ist gar nicht so lange her, da schickte Edward Snowden uns mit seinen Enthüllungen quasi allen eine solche Mail. Er wies uns darauf hin, dass sich die freien und demokratischen Regierungen von der Idee des Fernmeldegeheimnisses verabschiedet haben. Er machte uns klar, dass unverschlüsselte Mails maximal so sicher sind wie Postkarten und dass anlasslos und massenhaft Profile über uns angelegt werden, wenn wir uns im Netz bewegen. Drei Jahre später kann man schon mal fragen, ob uns das überhaupt interessiert. Denn eine wirkliche Reaktion sind wir als Gesellschaft immer noch schuldig. Snowdens Enthüllungen stellten so etwas wie den größten anzunehmenden Unfall für das Internet dar. Doch ein wirkliches Aufbegehren vergleichbar der Umweltbewegung nach dem Super-GAU von Tschernobyl hat noch immer nicht stattgefunden.«[35]

Ich habe die Hoffnung nicht aufgegeben, dass wir eine Bewegung im Netz erleben werden, die mit der Umweltbewegung vergleichbar sein wird. Solch eine Entwicklung benötigt Zeit. Als sich im Frühjahr 1986 der größte anzunehmende Unfall in Tschernobyl ereignete, gab es bereits eine Partei, die das Thema Umweltschutz in die Parlamente gebracht hatte. Und doch dauerte es fast 25 Jahre, bis das Kabinett Merkel unter den Eindrücken der Katastrophe von Fukushima im Frühjahr 2011 einen Wandel in der deutschen Energiepolitik beschloss – und festlegte, dass deutsche Atomkraftwerke nur noch bis Ende 2022 laufen dürfen. Ich möchte hier nicht über den Sinn von Atomenergie schreiben, sondern den Blick darauf lenken, dass gesellschaftliche Veränderungen Zeit brauchen. Das gilt auch für den Datenschutz. Und auch beim Datenschutz braucht es wie in der Umweltbewegung private und politische Initiativen. Denn die Herausforderungen werden wir weder durch Appelle an den Einzelnen (»Selbst schuld, wer im Internet surft«) noch durch eine große staatliche Gesetzesinitiative lösen. Es braucht Bewegung auf beiden Ebenen.

Wer aber bei sich selbst beginnen möchte, sollte zuerst in den Einstellungen seines Browers die Plug-ins überprüfen. Denn nach den Recherchen wurden zwar einige Plug-ins entfernt, dass sich an der von meinem Informanten beschriebenen Geschäftspraxis etwas geändert hat, kann ich allerdings nicht erkennen. Weiterhin kann man den Ratschlägen folgen, die mir ein technisch versierter Freund gab, den ich nach der #nacktimnetz-Recherche kontaktierte: Er benutzt zwei unterschiedliche Browser, einen zum privaten Surfen, bei dem er zum Beispiel in sozialen Netzwerken eingeloggt ist, und einen, mit dem er zum Beispiel Bankgeschäfte abwickelt. Außerdem versucht er, dabei datensparsam zu sein, also möglichst wenige Spuren zu hinterlassen (im Inkognito-Modus surfen) oder diese zu beseitigen (nach jeder Sitzung die Cookies löschen). Auch das Verschlüsseln von E-Mails sowie die Verwendung von sogenannten Tor-Browsern legte er mir nahe.

Aber alle diese Ansätze nützen nichts, wenn auf der politischen Ebene kein Umdenken stattfindet. Es braucht eine digitale Zivilgesellschaft, in der das Web nicht nur als wirtschaftlicher Raum verstanden wird, sondern als Öffentlichkeit, in der die gleichen Ansprüche gelten wie außerhalb des Internets. Dazu muss sich der Diskurs über das Internet und seine Folgen verändern. Die Politik muss unsere Reisedestination als öffentlichen Raum verstehen, in dem sie Grundrechte schützen und zur Geltung bringen muss.

Wirtschaft im Internet: GAFAM und die Folgen

tl;dr:

Die Macht großer Internetkonzerne wächst. Der soge-nannte Netzwerkeffekt begünstigt ihre ohnehin schon große Macht. Nach einer Phase des ungebremsten Wachstums entwickelt sich nun aber eine Gegenbewegung, die als »Techlash« beschrieben wird und auf dezentrale Netzwerke und damit eine Rückkehr zum ursprünglichen Internet setzt.

Akronyme sind sehr beliebt im Internet. So beliebt, dass sie auch dann noch genutzt werden, wenn sie gar nicht mehr stimmen:

GAFAM ist dafür ein gutes Beispiel. Das Akronym setzt sich aus den Anfangsbuchstaben von Google, Apple, Face-book, Amazon und Microsoft zusammen. Doch seit Google mit Alphabet einen Mutterkonzern gegründet hat, müsste man das Akronym eigentlich ändern.

Das GAFAM-Akronym hat sich aber so als Oberbegriff für die Marktmacht großer Anbieter im Netz etabliert, dass auch wir es nutzen. Denn der Name allein ändert nichts am Grunddilemma: Immer weniger große Internetkonzerne bündeln immer mehr Macht.

Zu Alphabet, dem Google-Mutterkonzern, gehören zum Beispiel der Anbieter Nest, der Internet-Anwendungen in der Wohnung realisiert, eine Firma, die Smart-City-Angebote vorantreibt (Sidewalk), eine Biotech-Firma namens Calico, die im Anti-Aging-Bereich aktiv ist, und der Netzbetreiber Fiber, der Glasfaserkabel in zahlreichen US-amerikanischen Städten betreibt. Hinzu kommen die Investment-Firmen Google Ventures und Google Capital – und natürlich die Firma, die wir als Google kennen, die neben der Suche und dem Werbenetzwerk auch das Betriebssystem Android und die zweitgrößte Suchmaschine im Netz namens YouTube besitzt.

Das Bild, das man von Facebook, Amazon, Apple und Microsoft zeichnen könnte, ist ähnlich vielschichtig und machtvoll wie jenes von Google/Alphabet. Amazon beispielsweise ist einerseits ein Versandhandel im Internet, durch seine Amazon Webservices aber auch der weltweit führende Anbieter für Cloud-Computing-Lösungen. Microsoft bietet bei Weitem nicht nur Software an. Die Firma, die Bill Gates sehr reich gemacht hat, besitzt auch den Videotelefonie-Anbieter Skype und das Berufsnetzwerk LinkedIn. Mit der sogenannten Hololens-Brille drängt Microsoft außerdem auf den Markt von Augmented-Reality-Angeboten. Dass zu Facebook neben dem weltgrößten sozialen Netzwerk auch WhatsApp und Instagram gehören, habe ich schon erwähnt, und auch über die Macht von Apple habe ich bereits geschrieben. Farhad Manjoo, Tech-Kolumnist der *New York Times*, nennt diese Firmen deshalb »die furchtbaren Fünf« und zitiert Geoffrey Parker (Mitautor des bereits erwähnten

Buches *Die Plattform-Revolution*), der feststellt: »Die großen Fünf haben den perfekten Zeitpunkt erwischt, um eine große Nutzerbasis aufzubauen. Dabei haben sie den technischen Wandel perfekt für sich ausgenutzt – das Sinken der IT-Kosten, die steigende Netzwerkverbindung und den Aufstieg der Mobiltelefone. Diese drei Entwicklungen kamen zusammen, und die großen Fünf haben sie perfekt ausbalanciert und zu ihrem Vorteil genutzt.«[36] Man kann diese Entwicklung aber auch anders interpretieren: Der Autor Scott Galloway zeichnet in seinem Buch *The Four: Die geheime DNA von Amazon, Apple, Facebook und Google* ein anderes Bild. Er spart Microsoft in der Aufzählung aus, zeigt die anderen vier aber nicht als Nutznießer technischer Entwicklungen, sondern als apokalyptische Reiter: »Stellen Sie sich einmal Folgendes vor: einen Einzelhändler, der sich weigert, Mehrwertsteuer zu bezahlen, seine Angestellten schlecht behandelt, Hunderttausende von Arbeitsplätzen vernichtet und trotzdem als Ausbund der unternehmerischen Innovation gefeiert wird. Eine Computerfirma, die Bundesermittlern Informationen über einen Terrorakt im Inland vorenthält und dabei von einer Fangemeinde unterstützt wird, die dem Unternehmen fast religiöse Verehrung entgegenbringt. Ein Social-Media-Unternehmen, das Tausende Fotos Ihrer Kinder analysiert, Ihr Telefon als Abhörgerät aktiviert und diese Informationen an Fortune-500-Unternehmen verkauft. Eine Werbeplattform, die an manchen Märkten 90 Prozent des lukrativen Mediensektors beherrscht, jedoch durch aggressive Gerichtsprozesse und Lobbyisten jegliche wettbewerbsrechtliche Regulierung meidet.«[37]

Und es ist nicht allein die Geschäftspolitik der genannten Firmen, die diese Macht ermöglicht. Neben der oben beschriebenen Fähigkeit, den technischen Wandel perfekt genutzt zu haben, kommt den großen Fünf eine Entwicklung zugute, die schon im Begriff Internet semantisch angelegt ist: der Netzwerkeffekt. Das sogenannte »Metcalfe'sche Gesetz« (benannt nach Robert Metcalfe) besagt, dass der Nutzen eines Kommunikationssystems proportional zur Anzahl der möglichen Verbindungen zwischen den Teilnehmern wächst. Die Kosten im Kommunikationssystem wachsen allerdings nur mit der Anzahl der Teilnehmer. Sehr vereinfacht ausgedrückt kann man deshalb sagen: Plattformen wie Facebook profitieren überproportional von jedem Nutzer. Das heißt: Da, wo viele Nutzer sind, wird das Angebot für andere Nutzer interessanter. Das Prinzip dahinter ist das gleiche wie in den oben beschriebenen App-Stores von Apple und Android. Es bildet die Grundlage für den ebenfalls erwähnten Plattform-Kapitalismus.

Die Marktmacht der GAFAM wächst – nicht zuletzt dank des Netzwerkeffekts – immer weiter. So sehr, dass Kartellbehörden den freien Wettbewerb bedroht sehen: Amazon kontrolliert in den USA 65 Prozent des Online-Buchhandels«, analysierte die *Süddeutsche Zeitung* im Januar 2018, »Google 90 Prozent des Suchmaschinenmarkts, Facebook 75 Prozent der mobilen Kommunikationsdienste. Google und Facebook kassieren zudem 90 Prozent aller Digitalwerbeerlöse. Vor allem aber beherrschen die großen Fünf längst nicht mehr nur ihre eigenen Branchen, sie dringen mit ihren Milliardengewinnen auch in immer mehr traditionelle Wirtschaftszweige vor. Amazon betreibt neuerdings Supermärkte. Google baut Medizingeräte. Apple plant einen fahrerlosen Fahrdienst. Facebook brütet über eigenen Fernsehshows.«[38]

Nicht wenige Menschen resignieren angesichts solcher Zahlen. Sie stecken den Kopf in den Sand und sagen: Die Tech-Giganten sind so groß, man kann ihre Macht nicht beschneiden. Dass das glücklicherweise nicht stimmt, zeigt sich seit Beginn des Jahres 2018 in einer Entwicklung, die ihren

Namen aus den Begriffen Technologie und Backlash gewonnen hat: Techlash. Der Techlash beschreibt ein gesellschaftliches Bewusstsein dafür, dass die großen Konzerne in die Pflicht genommen werden sollen (zum Beispiel in der Frage, wie sie Steuerschlupflöcher nutzen). Das britische Wirtschaftsmagazin *Economist* bringt diese Entwicklung in einer wunderbaren E-Mail auf den Punkt, die das Heft im Januar 2018 abdruckte. Empfänger des Schreibens waren die Chefs von Amazon (Jeff Bezos), Facebook (Mark Zuckerberg) und Google (Sundar Pichai). In CC ging die Mail auch an die Chefs von Apple (Tim Cook), Netflix (Reed Hastings) und Microsoft (Satva Nadella). Die Betreffzeile lautete – in Anlehnung an das berühmte Raumfahrt-Zitat – sehr vielsagend: »Silicon Valley, we have a problem«. Der Witz an der Sache: Es handelt sich um die fiktive Mail eines Unternehmensberaters, der die Konzernlenker davor warnt, dass ihre Macht in Zukunft schrumpfen könnte. Er stellt die Techlash-Entwicklung in einen historischen Zusammenhang zu anderen staatlichen Eingriffen in Fällen, in denen Monopole sich ausdehnten. Als Hinweise, dass auch die Techbranche davon betroffen sein könnte, deutet er hohe Strafzahlungen, die zum Beispiel die Europäische Union Google auferlegt hat, weil die Suchmaschine eigene Angebote in der Trefferliste bevorzugt hatte. Auch das Netzwerkdurchsetzungsgesetz (Netz-DG) in Deutschland, das Betreiber von Social-Media-Plattformen für rechtlich fragwürdige Inhalte auf ihren Seiten in die Pflicht nimmt, sowie wettbewerbsfördernde staatliche Eingriffe in den USA führt der fiktive Mailschreiber auf. In der Summe rät er den Konzernlenkern deshalb, auf absehbare Zeit keine weiteren Plattformen und Netzwerke zu kaufen – um nicht weiter in den Fokus der Öffentlichkeit zu rücken.

Es ist ein Genuss, diese fiktive Mail zu lesen[39], weil sie die Perspektive auf das Thema umkehrt. Die großen Konzerne stehen dabei nicht als Monolithen da, denen niemand etwas anhaben kann, sondern als wacklige Riesen, die sich Strategien überlegen müssen, um nicht ihrer Macht beraubt zu werden. So entwickelt das fiktive Memo quasi über Bande Strategien, wie die Konzerne sich sozialverträglicher und wettbewerbskonform verhalten könnten. Eine dieser Ideen findet sich auch bei Eli Pariser in seinem Buch *Filter Bubble*: Es geht darum, die Entscheidungsalgorithmen der Konzerne offenzulegen. Das fiktive Memo rät dazu, die angesammelten Daten der Nutzer portable zu machen. Den Nutzern also die Möglichkeit zu geben, auf diese Datensätze zuzugreifen, sie löschen oder auch zu einem anderen Dienst mitnehmen zu können. So könnte ein Nutzer von zum Beispiel Instagram seine Freunde und Kontakte auch in ein anderes Netzwerk übertragen, wenn er Instagram verlassen möchte.

Gemeinsam ist all diesen Vorschlägen ein ernst gemeintes Ziel: GAFAM wieder gesellschaftsfähig zu machen. Die vier Hauptkritikpunkte werden in das Akronym BAADD gefasst; eine etwas außergewöhnliche Schreibweise des englischen Begriffs für »schlecht« (*bad*). Soll meinen: GAFAM sind erstens zu groß und zu dominant im Markt (*big*), was wir oben bereits erwähnt haben. Zum Zweiten nutzen sie diese Größe, um einen wettbewerbswidrigen Vorteil daraus zu ziehen (*anti-competitive*). Außerdem formiert sich Kritik, weil die Angebote von GAFAM süchtig machen sollten (*addictive*) und weil sie negativen Einfluss auf die Demokratie haben, was sich gerade in der Frage rund um Hate Speech und Fake News gezeigt hat (*damaging democracy*).

Es macht auch deshalb Spaß, die Kritik auf diese Weise formuliert zu lesen, weil die fiktive Mail der Debatte ihren apokalyptischen Charakter nimmt. Gerade die Diskussion über die negativen Begleiterscheinungen des Internets (u. a. durch die GAFAM-Marktmacht) auf die Demokratie trägt häufig äußerst pessimistische Züge und lässt Entwicklungs-optionen vermissen. Der *Economist* dreht die Perspektive etwas und ruft damit in Erinnerung: Es ist nicht unmöglich, dass auch große Spieler das Spielfeld verlassen. In der Früh-phase dominierten Anbieter wie CompuServe oder AOL den Markt, die Netzwerke Friendster oder Myspace (in Deutschland StudiVZ) spielten eine enorme Rolle – von diesen spricht heute kaum jemand mehr. Den Blick auf diese Weise zu öffnen ist wohltuend – es sollte aber nicht davon ablenken: Es handelt sich um eine fiktive Mail. Die Markt-macht von GAFAM ist aber real – und sie bezieht sich nicht nur auf den Umgang mit vermeintlich kleineren Konkurren-ten. GAFAM befinden sich natürlich auch in einem Wettbe-werb untereinander. So gibt es nicht wenige Netzexperten, die sagen, der Erfolg von Facebook beruhe vor allem darauf, dass das Netzwerk Google konsequent ausschließe (man kann die Inhalte von Facebook mit der Google-Suchmaschine nur schwer durchsuchen). Andere spekulieren, dass der Wert der Daten von Google besser sei als der von Facebook, weil Men-schen beim Suchen im Web keine soziale Inszenierung vor-nehmen, sondern ihre Interessen viel authentischer offenle-gen. In seinem Buch *Platform-Capitalism* spricht der Ökonom Nick Srnicek von »Great Platform Wars«, die er im Interview mit *Zeit Online* so umreißt: »Der Plattformkrieg wird viel-leicht nicht offen ausgetragen, aber man sieht, wie die Gegner sich in Stellung bringen. Den heftigsten Wettbewerb wird es um künstliche Intelligenz geben.« Angesprochen auf eine Lösung, bleibt aber auch Srnicek recht ratlos. Sein Ansatz: »Ich glaube, dass die Überführung dieser Firmen in einen irgendwie gearteten öffentlichen Besitz die Ideallösung wäre. Aber sobald man das sagt, gerät man in ziemliche Schwierig-keiten: Google oder Amazon dem Staat unterstellen, wie soll das technisch, ökonomisch und rechtlich funktionieren?«[40]

Das Internet ist kaputt: Fehlermeldungen und die Zukunft des Internets

tl;dr:

Das Internet ist nicht kaputt – auch wenn das in schöner Regelmäßigkeit behauptet wird. Man sollte aber auch nicht selbstverständlich davon ausgehen, dass es einfach immer da ist. Ein Gesundheits-Check.

Es gibt in der britischen Comedy-Serie *IT Crowd* diese wunderbare Szene, in der die beiden Hauptfiguren Moss und Roy auf die Frage, was eigentlich das Internet sei, eine sehr eigene Antwort finden. Die beiden IT-Mitarbeiter des fiktiven Unternehmens »Reynholm Industries«, die wir bereits als Vertreter des Typus des »Nerds« kennengelernt haben (im Kapitel über die Typologie), erfinden einen schwarzen Kasten mit rotem Schalter, den sie »das Internet« nennen. In einer Szene muss Jen, die ahnungslose Chefin der beiden IT-Experten, einen Vortrag über »das Internet« halten. Moss und Roy stellen ihr dazu den Internet-Kasten zur Verfügung, den Jen im Rahmen ihrer Präsentation auch vorstellt. Entgegen der Erwartung der beiden IT-Experten halten die Zuhörer den Kasten tatsächlich für »das Internet« – von dessen Funktionalität sie keinen Schimmer haben, dessen gesellschaftliche Bedeutung sie aber erkennen. Denn als in der folgenden Szene der Kasten auf der Bühne durch einen Unfall zerstört wird, bricht eine regelrechte Panik aus: Das Internet ist kaputt.

Die Szene ist natürlich eine Überspitzung, aber sie zeigt die weit verbreitete Unkenntnis über die Grundfunktionalität dessen, was wir »das Internet« nennen. Da dessen Bedeutung aber stetig wächst, wächst auch die Verunsicherung darüber, was es bedeutet, wenn jemand, dem allgemein Kompetenz zugeschrieben wird, behauptet: Das Internet ist kaputt. Diese Behauptung wird immer wieder in die Welt gesetzt – mit unterschiedlicher Zielsetzung: Der Grad der Verunsicherung hängt dabei eng mit dem Auslöser für das Kaputtsein des Internets zusammen. Handelt es sich um Ursachen, die man als Verschleiß oder Überlastung zusammenfassen kann, ist der Grad der Panik geringer, als wenn hinter dem Defekt des Internets eine böse Absicht bzw. übel meinende Personen stecken: Die Zuschreibung »russische Hacker« hat sich dabei in den vergangenen Jahren zu einer fast schon zur Floskel verkommenen Schuldzuschreibung entwickelt. Das zugrunde liegende Narrativ dabei lautet: »Russische Hacker« haben es nicht nur auf die technische Infrastruktur abgesehen, sondern zielen auch auf das demokratische Betriebssystem des Westens.

Es geht hier jetzt nicht darum, diese häufig einseitigen Erklärungsmuster zu untersuchen. Mein Ziel ist es, der Frage nachzugehen, weshalb die Behauptung »Das Internet ist kaputt« in schöner Regelmäßigkeit in der öffentlichen Debatte auftaucht – und was wir im Sinne einer aktiven Teilhabe an einem dezentralen Internet daraus lernen können. Denn auch die beiden vorherigen Kapitel zum Thema Überwachung und GAFAM-Übermacht lassen sich mit ein wenig Kulturpessimismus als Ausweis des Niedergangs und als Beweis für einen Defekt des Internets lesen. Woran liegt das? Die erste Erkenntnis dabei lautet schlicht: Die Menschen schauen hin, wenn zum Beispiel die britische Ausgabe des Technologie-Magazins *Wired* auf dem Cover ihrer ersten Ausgabe 2018 behauptet: »The Internet is broken« (Das Internet ist kaputt). Nicht nur *im* Internet hat sich eine Ökonomie der Aufmerksamkeit entwickelt, in der zugespitzte Thesen helfen, an die nicht vermehrbare Währung Aufmerksamkeit zu gelangen. Denn die Aufmerksamkeit lässt sich nicht vermehren. Jedem stehen täglich nur 24 Stunden zur Verfügung. Rein wirtschaftlich betrachtet ist Aufmerksamkeit so die härteste Währung, die es gibt.

Auch im Diskurs *über* das Internet funktioniert die Macht dieser Währung. Dabei hilft es, sich daran zu erinnern, dass diese Behauptung schon so oft aufgestellt wurde, dass man mit einer Liste dieser Fehlermeldungen ein ganzes Kapitel füllen könnte. Dabei gilt auch für das Internet als Ganzes, was wir weiter vorn über den Charakter des Digitalen gelernt haben: Es ist nie abgeschlossen und in dem Sinn unveränderlich fertig, wie wir es beispielsweise aus der Welt der Bücher kennen. Es ist beständig in Bewegung und verändert sich – was stets auch dazu führt, dass Angebote, Ideen und Anwendungen, die vorgestern noch sehr wichtig erschienen, übermorgen nicht mehr so bedeutend sein können. Und irgendetwas geht immer kaputt. Das gilt auch für Anwendungen und Netzwerke, die eben noch als unkaputtbar galten.

Wenn allerdings die Grundstruktur in Gefahr gerät, scheint der aufmerksamkeitsheischende Hinweis auf einen Defekt angebracht. So kam beispielsweise Sascha Lobo im Januar 2014 zu der Erkenntnis: »Das Internet ist nicht das, wofür ich es gehalten habe.« Es waren der von Edward Snowden aufgedeckte NSA-Skandal und die wachsende Macht der GAFAM-Konzerne, die ihn zu dieser Erkenntnis brachten. »Was so viele für ein Instrument der Freiheit hielten«, schrieb er, »wird aufs Effektivste für das exakte Gegenteil benutzt.«[41] Wir haben in den vorherigen Kapiteln gelesen, dass sich seitdem wenig geändert hat. Neu ist jedoch, dass dieses ambivalente Urteil dem Internet vehementer zugeschrieben wurde. Die Mehrdeutigkeit, beides sein zu können – ein Instrument der Freiheit und ein Instrument der Überwachung –, ist zu einem zentralen Aspekt des digitalen Zeitalters geworden. Die Aufgabe, die Sascha Lobo mit seinem Text offenlegte, bleibt allerdings ungelöst: sich gegen die Überwachung zu wehren. In diesem Sinne bleibt das Internet also kaputt – wenngleich es seit 2014 in keiner Weise aufgehört hat zu existieren: Im Gegenteil, zwei Jahre nach Lobos Text schrieb auch Walter Issacson einen solchen Text unter dem Titel »The Internet is broken«.

Der Steve-Jobs-Biograf bezog sich damit allerdings nur indirekt auf die Kritik an der Überwachung und Marktmacht. Ihm ging es darum, dass es im bestehenden Internet keine glaubwürdige Authentifizierung gibt – man sich also nicht auf das verlassen kann, was behauptet wird. Er wünscht sich glaubwürdige digitale Signaturen, die glaubwürdig begründen, dass zum Beispiel eine Person auch tatsächlich die ist, für die sie sich ausgibt. So will Issacson einen sozialen Austausch auf Augenhöhe ermöglichen. Es gibt nicht wenige Menschen, die diesen Wunsch in einer Technologie umgesetzt sehen, die durch die sogenannte Kryptowährung Bitcoin in den vergangenen Jahren sehr bekannt geworden ist. Bitcoin als Währung basiert auf dem Prinzip der Blockchain, deren

Ziel es ist, eine dezentrale Form der Zertifizierung zu ermöglichen. Bisher werden Dokumente immer von zentralen Stellen verifiziert, die zum Beispiel Kaufverträge oder Geldüberweisungen überprüfen. Durch die sogenannte Blockchain soll dieser Prozess der Überprüfung demokratisiert werden.

Dabei kann man sich diese Kette (chain) so vorstellen: Es gibt einen Tisch, auf dem Gegenstände stehen. Sehr viele Computer machen alle paar Minuten ein Foto von der Anordnung auf dem Tisch und speichern diese Information in einem Kassenbuch ab, das auf allen Rechnern liegt. Der Prozess wird alle paar Minuten wiederholt. Wenn jemand auf einem Rechner etwas an dem Kassenbuch ändern will, fällt dies auf, weil auf allen anderen Rechnern ja ein anderer Kassenstand notiert ist. So soll das Vertrauen an die vielen delegiert werden. Viele Menschen sagen dieser Technologie eine große Zukunft und vor allem eine immense revolutionäre Kraft voraus – diese soll so stark sein, dass sie sogar den aktuellsten Trend der »Das Internet ist kaputt«-Texte ausräumen kann. Dabei geht es – wir haben es im vorherigen Kapitel gelesen – um die Macht von GAFAM. Die veranlasste die britische Ausgabe des Magazins *Wired* auch zu dem bereits zitierten Titel im Januar 2018. Dabei geht es einerseits um den beschriebenen Machtzuwachs der zentralen Plattformen, es geht aber andererseits auch um das Aufkommen einer Gegenbewegung, die auf den Aspekt der dezentralen Vernetzung setzt. So wird sowohl in dem *Wired*-Text als auch in einem – wenige Tage später – im *Guardian* veröffentlichten Artikel der in Schweden lebende Aral Balkan von der Seite ind.ie vorgestellt: *Wired* wie *Guardian* sehen in ihm (und einigen anderen) Vorkämpfer für eine Rückbesinnung auf ein dezentrales Internet ohne die großen Plattformen. Der *Guardian*-Text trägt den Titel »The punkrock internet« und beschreibt (Untertitel), »wie Selbermach-Rebellen daran arbeiten, die Tech-Giganten zu ersetzen«. Das Projekt Indienet, an dem Aral Balkan und Laura Kalbag von Malmö aus arbeiten, zielt darauf ab, Nutzern die Hoheit über ihre Daten zu geben und dadurch die Macht der großen Konzerne einzudämmen. Auch das Projekt Solid, das Tim Berners-Lee mit dem MIT in Cambridge entwickelt hat, geht in diese Richtung. Die Abkürzung steht für »Social Linked Data« und will soziale und persönliche Daten von Nutzern in kleinen Einheiten, sogenannten Pods, speichern, die jeweils nur situationsbezogen geöffnet werden können. So sollen die großen Datensilos der Konzerne an Macht verlieren. Dieses System haben die Forscher auch auf alternative soziale Netzwerke (Cimba soll eine Alternative zu Twitter sein), Kalender und kollaborative Schreibsoftware angewandt.

Es ist bisher nicht absehbar, wie nachhaltig diese Anfänge einer Entwicklung sind, und niemand kann sagen, was aus den neuen Ideen werden kann. Es lässt sich aber ablesen, dass die Diagnose »Das Internet ist kaputt« inhaltlich nicht haltbar ist. Sie hilft, um Aufmerksamkeit zu bündeln (zum Beispiel auch im Kampf für die Netzneutralität, die in den USA, während ich diese Zeilen schreibe, massiv bedroht wird), für eine wirkliche Analyse ist sie aber nur bedingt hilfreich. Wer sich wirklich dafür interessiert, wie es um das Internet steht und welche Entwicklungen ihm bevorstehen, der sollte sich von dem Bild des Defekts lösen und sich stattdessen dem Bild des Gesundheitszustands zuwenden. In diese Metapher fasst die Mozilla-Foundation seit 2017 ihren sogenannten »Internet Health Report«, in dem sie den Zustand des Internets in fünf Kapiteln auf Herz und Nieren prüft: Wie geht es dem Internet in Bezug auf offene Innovation, digitale Inklusion, Dezentralisierung, Datenschutz und Sicherheit sowie digitale Bildung? Auf diesen Feldern geht die Autorin Solana Larsen gemeinsam mit Nutzern der Frage nach, wie das Internet seine Fitness erhöhen kann.

Und wie bei der menschlichen Gesundheit liegt die Antwort auch hier in einem angemessenen Lebensstil. Die Idee, Netzwerke zu einem großen Netzwerk zu verbinden und dabei auf eine zentrale Ordnungsinstanz zu verzichten, bildet den Maßstab für die Angemessenheit. »Meine Ursprungsvision eines universellen Web«, schrieb Tim Berners-Lee in seinem Buch *Web-Vision*, »sollte die Menschen bei der Bewältigung ihres wirklichen Lebens unterstützen. Es sollte ein Spiegel sein, der Nachrichten, Unterhaltung, Kunst und die Abbildung sozialer Beziehungen wiedergibt. Aber das Modell des Spiegels ist zunehmend falsch, weil Menschen das Web benutzen, um Dinge aufzubauen, die noch nicht bestehen, noch nicht geschrieben, gezeichnet oder anderswo veröffentlicht wurden. Da sich viele Aktivitäten zum ersten Mal im Web abspielen, müssen wir aufpassen, dass es eine gleichberechtigte und faire Gesellschaft ermöglicht. Das Web muss allen den gleichen Zugang bieten.« Diese Aufgabe formulierte Tim Berners-Lee bereits im Jahr 2000, und sie gilt heute unvermindert. Neu ist, dass das »Aufpassen« sich aktuell auf andere Entwicklungen bezieht. Im Jahr 2018 war erstmals über die Hälfte der Weltbevölkerung online, so viele Menschen wie noch nie zuvor. Aber dieses »online« ist heute anders als in der Zeit, als Berners-Lee das World Wide Web erfand. Trotz aller Überwachung und Übermacht ist die Idee eines dezentralen Netzwerks weiterhin mächtig und spannend. »Ich bleibe jedenfalls ein Optimist«, sagte Berners-Lee im Jahr 2017. »Allerdings ein Optimist, dem der Wind ins Gesicht bläst. Wir müssen die Zähne zusammenbeißen und uns einsetzen: Wir dürfen nicht selbstverständlich davon ausgehen, dass das Web uns schon in eine gute Zukunft führen wird.« Dafür müssen wir uns selbst einsetzen, es gestalten. Vielleicht liegt ein Ansatz darin, die Idee einer Online-Magna Charta neu zu denken. Vielleicht steckt in dem Vergleich mit der aufkommenden Umweltbewegung ein motivierender Faktor für eine digitale Zivilgesellschaft. Vielleicht hilft das Engagement derjenigen, die bisher dachten, das Internet sei nichts für sie. Aber ganz sicher hilft es, sich an die faszinierende Grundidee eines dezentralen weltumspannenden und völkerverbindenden Netzwerks zu erinnern. Denn ich möchte, dass der lustig gemeinte Satz, mit dem ich dieses Kapitel beenden will, weiterhin nur ein blödes kleines Witzchen von Webseiten bleibt, die sich für besonders pfiffig halten: »Sie haben das Ende des Internets erreicht, bitte gehen Sie zurück …« (»You have reached the end of the Internet, please go back.«)

Verstehen wir es als Aufgabe!

Für Reisewillige: Zehn Dinge, die Sie auf die Reise ins Internet mitnehmen sollten

tl;dr:

Um das Internet zu bereisen, muss man aktiv werden – und mitmachen. Packen Sie Ihren Koffer für Ihre Reise!

Bevor man eine Reisedestination besucht, sollte man sich vorbereiten – und eine Liste derjenigen Dinge machen, die man einpacken soll. Das gilt auch fürs Internet. Ich empfehle:

1. **Eine große Tasche, die viel Platz bietet** (man muss ständig hinzulernen)
2. **Badezeug** (um im digitalen Ozean wirklich schwimmen zu können)
3. **Eine gesunde Portion Skepsis** (es ist oft nicht so, wie es scheint)
4. **Einen USB-Stick** (weil Back-ups wichtig sind)
5. **Eine Zahnbürste** (hilft immer und erinnert an Passwortsicherheit)

6. **Einen Avatar** (als Symbol für die digitale Identität)
7. **Ein Ladekabel** (der Handy-Akku macht nicht so lange mit)
8. **Einen Bibliotheksausweis** (weil digitale Kompetenzen Informationskompetenzen sind)
9. **Einen Programmier-Sprachführer** (weil man nicht selbst programmieren können, aber Grundbegriffe verstehen muss)
10. **Gelassenheit** (weil zwar alles wahnsinnig schnell wirkt, aber sehr lange dauert)

Diese Tipps basieren zu weiten Teilen auf einer Übersicht, die die Europäische Kommission unter dem Schlagwort DigComp als »Europäischen Referenzrahmen für digitale Kompetenzen« veröffentlicht hat. Man kann sich diese Liste, die in fünf Bereiche aufgeteilt ist und unterschiedliche Umsetzungsfähigkeiten unterscheidet, im Netz herunterladen. Sie umfasst die Bereiche »Erstellung digitaler Inhalte«, das Feld »Sicherheit«, die »Informations- und Datenkompetenz« sowie »Kommunikation und Kooperation« und die Fähigkeit zur »Problemlösung«. Kern dieser Liste ist jedoch die Fähigkeit, sich beständig fortzubilden. Man kennt diese Forderung unter dem Schlagwort »Lebenslanges Lernen«, ich habe dafür das Symbol **einer großen Tasche** gewählt, in die man immer mehr hineinpacken kann. Wer das Internet bereisen möchte, muss die Fähigkeit mitbringen hinzuzulernen. Denn die Veränderungsfähigkeit ist eine der zentralen Eigenschaften des digitalen Ökosystems. So wie Inhalte nicht monolithisch abgeschlossen und fertig, sondern ständig im Fluss sind, müssen auch die Nutzerinnen und Nutzer online bereit sein, neue Dinge hinzuzulernen und alte Fähigkeiten und Gewissheiten zu verlernen. Das gelingt am besten, wenn man sich ins Netz hineinbegibt. Denn das Internet unterscheidet sich von den klassischen Distributionsmedien vor allem dadurch, dass man mitmachen muss, um online zu sein. Ich wähle dafür **das Bild der Badekleidung**, um der Bereitschaft Ausdruck zu verleihen, nicht nur am Beckenrand zu stehen, sondern ins Wasser zu springen. Das Bild des Schwimmers zeigt: Sie müssen mitmachen, teilnehmen! Damit wir uns nicht falsch verstehen: Teilhabe heißt hier nicht Zustimmung. Wer sich online beteiligt, benötigt stets **eine große Portion Skepsis**. Dinge und Begebenheiten können immer anders sein, als sie wirken. Das gilt nicht nur für sogenannte Phishing-Mails, die falsche Tatsachen vorspiegeln, um an Nutzerdaten zu kommen. Eine gesunde Skepsis ist auch bei vermeintlich eindeutigen Foto- oder Videobeweisen ratsam, man sollte sich stets fragen: »Was wäre, wenn das Gegenteil richtig wäre?« Denn womöglich sind Bilder gefälscht. Der technologische Fortschritt macht mittlerweile nicht nur Fotomontagen sehr leicht, man kann mithilfe der Technik auch Ton- und Bilddokumente so bearbeiten, dass sie zum Gegenteil ihrer ursprünglichen Bedeutung werden. Diese Skepsis sollte aber auch in Bezug auf die Computer und die verwendete Hardware gelten. Denn es kann passieren, dass diese nicht mehr funktioniert, kaputtgeht oder Daten verliert. Um sich daran zu erinnern, dass man stets mindestens eine Sicherungskopie (Back-up) relevanter Daten anfertigen sollte, gehört **ein USB-Stick** in den virtuellen Internet-Koffer. Wichtig ist dabei, dass es sich um einen physischen Datenträger handelt und nicht nur um eine Cloud-Lösung. Denn nur so kann man sicherstellen, dass die eigenen Daten auch direkt verfügbar sind. Wer größere Datenmengen sichern möchte, kann dafür selbstredend auch einen größeren Datenträger (Festplatte) verwenden. Zur Computerhygiene sollte aber in jedem Fall ein regelmäßiges Back-up zählen – auch ein verantwortungsvoller Umgang sollte in diesem Bereich selbstverständlich sein. Als Erinnerung dafür liegt **eine Zahnbürste** im Internet-Koffer. Denn mit Passwörtern, so der Ratschlag, sollte man wie mit Zahnbürsten umgehen: Man sollte sie keinem Fremden geben, und man sollte sie regelmäßig wechseln. Anders als bei der Zahnbürste kann man sich bei der Passwort-Hygiene übrigens auch von technischen Programmen helfen lassen: Sogenannte Passwort-Manager helfen dabei, den Überblick zu behalten. Denn man wird in jedem Fall zahlreiche Accounts benötigen – für die Teilnahme an sozialen Netzwerken, für Online-Banking, für Mails oder für Streamingdienste. Damit ist nicht nur ein technischer Aufwand verbunden, man benötigt auch eine Haltung dafür, wie man sich im Netz verhalten möchte: Welches Verhalten soll **der eigene Avatar** online an den Tag legen? Soll er private Bilder posten oder Diskussionen führen? Antworten auf diese Fragen findet man nur, wenn man das oben zitierte Badezeug nutzt und ins Web eintaucht. Richtschnur könnte dafür die Social-Media-Richtlinie sein, die zum Beispiel bei der britischen Tageszeitung *The Guardian* für Mitarbeiter gilt: »Don't be an idiot.« (Verhalte dich nicht idiotisch).

Alle diese Ratschläge sind aber so lange nutzlos, wie der nötige Strom fehlt. Die Benutzung des Internets ist ein äußerst energieaufwendiges Unterfangen. Als praktischer Ratschlag, aber auch als Symbol für den ökologischen Fußabdruck, den man beim Surfen hinterlässt, steht **das Ladekabel** auf der Packliste. Greenpeace schätzt, dass alle für das Internet notwendigen Rechenzentren und Serverfarmen zusammen auf Platz fünf der energiehungrigsten Staaten der Welt stünden, wenn man das Internet als Staat verstehen würde. Dessen sollte man sich bewusst sein, wenn man im Netz surft – und zum Beispiel Angebote wie Ecosia nutzen, das Teile seiner Einnahmen ökologisch investiert. Durch die Werbeumsätze, die durch Suchanfragen auf ecosia.com erwirtschaftet wurden, haben die Macher weltweit weit über 21 Millionen Bäume gepflanzt.

Dass auf der Liste auch **ein Bibliotheksausweis** steht, wirkt vielleicht im ersten Moment merkwürdig. Ich halte öffentliche Bibliotheken aber für relevante Akteure im Kampf für ein freies dezentrales Internet, das nicht nur von kommerziellen Interessen geleitet wird. Für den US-amerikanischen Juristen Lawrence Lessig sind Bibliothekare sogar die entscheidenden Treiber für ein offenes Web – weil in Bibliotheken schon immer die Idee eines offenen Wissensaustauschs gepflegt wurde, auf der auch das Web basiert. Und da digitale Kenntnisse zu weiten Teilen eben auch Kenntnisse der Informationsverarbeitung sind, sollte man sich mit seiner örtlichen Bibliothek vertraut machen. Vielleicht leiht man sich dort auch den **Programmier-Sprachführer** aus, der ebenfalls auf der Liste steht. Denn wenn man das Internet als Ort versteht, den man bereisen will, dann kann man sich vorab mit den dortigen Dialekten vertraut machen, man kann sich aber auch Grundbegriffe derjenigen Sprache aneignen, auf der die Verbindung basiert: der Programmiersprache. Nun handelt es sich dabei nicht um eine einzige Sprache, die man lernen kann, aber es erscheint mir sinnvoll, ein technisches Grundverständnis mitzubringen. Dass das niemals ganz ausreichen wird, ist ebenso eine Grunderkenntnis des digitalen Lebens wie der abschließende Punkt auf der Packliste: **Gelassenheit**. Durch die immer schneller und komplexer werdende Welt drängt sich häufig der Eindruck einer hohen Dringlichkeit auf. Meine Erfahrung mit dem digitalen Leben ist jedoch: Es macht mehr Spaß, wenn man nicht getrieben ist, sondern selbst gestalten will. Der Vorteil der Digital Natives ist, dass sie nur selten das Gefühl haben, hintendran zu sein oder zu spät zu kommen. Genau unter diesem Gefühl leiden aber viele Zugereiste des Digitalen. Begegnen Sie diesem Gefühl mit Gelassenheit! Machen Sie es wie der Shruggie, der mit den Schultern zuckt (to shrug) ¯_(ツ)_/¯. Er steht für mich für eine gelassene Haltung zu allem Neuen und für die Bereitschaft, sich der eigenen Überforderung und Ratlosigkeit zu stellen, die sich beim hohen Tempo des digitalen Wandels ergibt.

Für Auswanderer: Das Internet als Heimat denken

tl;dr:

Zu Hause ist man da, wo sich das WLAN verbindet. Wie wäre es eigentlich, wenn wir den ortlosen Ort Internet als Heimat verstehen? Ein Denkanstoß – erstmals veröffentlicht am 23.1.2018 in der Süddeutschen Zeitung.[42]

Zugegeben: Es sind Banalitäten. Das Geräusch, das bei der Benutzung eines Instruments entsteht, die Verwendung bestimmter Begriffe oder der Einsatz einzigartiger Zeichen und Symbole. Kleinigkeiten, aus denen in Summe und mit der Zeit Gewohnheiten werden, die irgendwann vielleicht Traditionen begründen und schließlich als Brauchtum gepflegt, geschützt und gefördert werden. So prägen sich Identitäten, so gewinnt man Orientierung, so entsteht Heimat. Dass diese Banalitäten sich dem Zugereisten erst nicht erschließen, schmälert ihren Wert dabei keineswegs. Im Gegenteil: Die Einheimischen fühlen sich dadurch in ihrer Verbundenheit noch gestärkt.

Man muss die 2001 von dem New Yorker Autor und Lehrer Marc Prensky eingeführte Unterscheidung zwischen Einheimischen (Digital Natives) und Zugereisten (Digital Immigrants) gar nicht bemühen, um festzustellen: Auch das Internet ist in dieser Weise zu einem heimatstiftenden Ort geworden. Dem weltweiten Netz mag die regionale Bindung an einen physischen Raum fehlen, die brauchtumsbildenden Banalitäten besitzt aber auch das Internet – wenn auch in ganz neuer, weltoffener Form: Es gibt einzigartige Zeichen und Symbole, beispielsweise @ und Emojis, außerdem eine besondere Verwendung bestimmter Begriffe, also einen digitalen Dialekt. Und bei manchen Menschen erzeugt das Einwahlgeräusch eines 56k-Modems heimatliche Gefühle.

»Heimat ist da, wo sich das WLAN automatisch verbindet«, sagen Menschen, die mit der Idee der weltweiten Vernetzung aufgewachsen sind – und sie meinen damit in Wahrheit nicht das Haus, in dem drahtloses Internet verfügbar ist (und sich automatisch mit ihrem Endgerät verbindet, weil sie schon mal dort waren). Sie meinen den ortlosen Ort, der sich durch diese Verbindung eröffnet: Sie meinen das Internet selbst – die Realität gewordene Idee eines Völker verbindenden Netzwerks, das Landes-, Sprach- und Religionsgrenzen überwindet und einen Austausch zwischen Menschen ermöglicht, die nicht am gleichen Ort sein müssen. Sie meinen: Das Internet als Heimat.

Damit sind nicht in erster Linie die Anwendungen gemeint, die man im Internet nutzen kann, oder die Games, die man über die Internet-Infrastruktur spielen kann: Das Internet als Heimat zu verstehen bedeutet mehr, als einen virtuellen Garten zu pflegen oder in digitalen Welten virtuelle Werte zu handeln. Es geht um die Infrastruktur, die alldem zugrunde liegt, was Millionen Menschen überall auf der Welt selbstverständlich nutzen. Dass völlig unterschiedliche

Systeme auf sehr alten und brandneuen Computern in diesem durch und durch heterogenen Netzwerk der Netze miteinander kommunizieren können (ermöglicht durch das zugrunde liegende Internetprotokoll TCP/IP), ist eine bedeutsame, wenn man so will multikulturelle Erfindung.

In diesem digitalen Blick begründet sich eine neue Sicht auf die Welt – und auch auf das Konzept von Heimat. Der Soziologie Andreas Reckwitz spricht von der sogenannten Hyperkultur, die eine »kosmopolitische und zugleich marktförmige und individualistische Modellierung von Kultur«[43] zur Grundlage hat. Er stellt ihr eine Haltung gegenüber, die klassischerweise den Begriff von Heimat für sich in Anspruch genommen hat. Diese zeichnet sich für Reckwitz durch »eine Modellierung von Kultur als historischer Gemeinschaft« aus. »Sie kommt in verschiedenen Spielarten von der Identitätsgemeinschaft über den Fundamentalismus bis zum Nationalismus vor« und wird von Reckwitz als Kulturessenzialismus beschrieben.

Beide stehen sich derzeit in zahlreichen Debatten konfrontativ gegenüber; auch und gerade im Web. Die hier skizzierte Heimatperspektive aufs Netz ist nicht naiv. Sie bemerkt, dass einige durchaus beunruhigende Kulturessenzialisten – vom amerikanischen Präsidenten Donald Trump bis zur AfD – die digitalen Instrumente so intensiv einsetzen, dass sie dadurch auch den Diskurs über die Idee vom Internet verändern. Doch ist dessen bloße Existenz der Beweis dafür, dass Nationalismus und Ausgrenzung zwar in der Realität keineswegs abgenommen haben, aber ihre Ideen aus einer vordigitalen Zeit stammen.

Die Debatte über Hate Speech und Fake News ist notwendig und wichtig. Aber das Internet einzig auf seine negativen Aspekte zu beschränken hieße, seinen menschheitshistorischen Wert zu unterschätzen. Denn dass es das Internet überhaupt gibt, zeigt, dass Diversität und Unreinheit (beides Aspekte, die der Kulturessenzialismus gerne bekämpfen möchte) funktionieren. Es zeigt, dass die Idee von Völkerverständigung, Offenheit und Pluralismus keine Spinnerei ist, sondern greifbare Wirklichkeit. Es lohnt sich, dieser Idee zu folgen, gerade auch, um gestaltend auf die dunklen Seiten zu reagieren, die durch das Netz zuweilen befördert werden.

Dass man sich mit einer solchen Perspektive in der aktuellen Debatte fast der Albernheit verdächtig macht, zeigt, wie weit der Kulturessenzialismus den Diskurs um das Medium der Verbindung schon beeinflusst.

Deshalb ist es keineswegs eine Banalität, zu betonen, dass das Internet die Heimat einer Generation ist, die völlig selbstverständlich mit der Idee von Völkerverständigung und Verbindung aufwächst. Auf diese Weise aufs Internet und auf die dort entstandene Heimat zu schauen eröffnet einen völlig neuen Blick auf die Debatte um eine vermeintlich so bedrohte Identität. Es macht den Kulturessenzialisten die Deutungshoheit über die Begriffe Heimat und Identität streitig und dokumentiert eine Wertschätzung für die Ideen des freien Wissens, des Pluralismus und der Meinungsfreiheit.

Die Angehörigen von Andreas Reckwitz' Hyperkultur sollten nicht länger leugnen, welche Bedeutung Heimat hat. Sie sollten sie, im Gegenteil, betonen und dabei umdeuten, wenn man so will: hacken. Das weltweite Dorf kann ebenso Heimat sein wie ein ländliches Dorf – gerade weil dies auf lange Sicht die Idee einer ausschließlich regional begründeten Heimat ad absurdum führt. Heimat ist im 21. Jahrhundert vielmehr ein Ort, an dem Menschen sich unabhängig von Religion, Sprache oder Nationalität verbinden können.

Dadurch verändert sich nicht nur die Debatte um Heimat und Identität. Konsequent verfolgt, lassen sich aus einer solchen Perspektive noch ganz andere Forderungen ableiten an

Schulbuchkommissionen, Rundfunkräte oder sogar an ein möglicherweise zu gründendes Bundesheimatministerium. Alle diese Einrichtungen müssten künftig auch für jene eintreten, die im Netz zu Hause sind. So nimmt die Hyperkultur Einfluss auf die Agenten des Bewahrens und Konservierens.

Denn auch im Web sind in den vergangenen Jahren kulturelle Praktiken entstanden, die ebenso bedeutsam, verbindend und erhaltenswert sind wie beispielsweise die traditionelle Flussfischerei an der Mündung der Sieg in den Rhein, die sächsischen Knabenchöre oder der hessische Kratzputz. Diese drei Beispiele stammen aus dem Verzeichnis »Immaterielles Kulturerbe der UNESCO« – ein 134-seitiges Werk, in dem »überlieferte kulturelle Ausdrucksformen« gesammelt werden, »die in Deutschland praktiziert werden«.

Diese sind allesamt bedeutsam und sollen durch den Kontrast mit der digitalen Welt keinesfalls lächerlich gemacht werden, im Gegenteil. Es geht um die Frage, ob die Möglichkeiten des Verlinkens im Web oder die Praxis des Mailschreibens nicht ebenso förderungs- und erhaltenswert sind wie die Morsetelegrafie. Ist das Prinzip der Netzneutralität nicht in gleicher Weise identitäts- und heimatstiftend, wie es Märchenerzählen, Schach- oder Skatspielen sein können? Und sollte eine gegenwärtige Gesellschaft nicht das Chatten oder die Meme-Kultur des Netzes in gleicher Weise fördern und wertschätzen wie beispielsweise das Mundart-Theater im regionalen Raum?

Diese Diskussionen an die Orte zu tragen, in denen es um die Pflege von Brauchtum geht, wäre ein notwendiger Schritt, um den Blick auf die Heimat, aber auch auf das Internet zu verändern. Denn die amerikanischen Angriffe auf die Idee der Netzneutralität, die Enthüllungen von Whistleblowern wie Edward Snowden und die monopolartige Übermacht der GAFAM genannten großen Fünf der Internetbranche (Google, Amazon, Facebook, Apple, Microsoft) zeigen, dass das Internet nichts ist, was einfach immer da ist, sondern eine Erfindung, für deren Erhalt es sich zu kämpfen lohnt. Es wäre die wohl modernste Art des Heimatschutzes.

Sprachführer: Die wichtigsten Begriffe und Personen, die man kennen sollte

404

Die Ziffernfolge ist eine der bekanntesten HTTP-Status-codes. Mit diesem Code übermittelt der Server dem anfragenden Client eine Information zum Status der Anfrage. Die Ziffernfolge 404 steht dabei für »nichts gefunden«, wird also überall dort angezeigt, wo es keine Antwort für die Anfrage gibt. Der Statuscode 403 steht für »fehlende Zugriffsberechtigung«, 400 steht für »Fehlerhafte Anfrage«.

5G

Übertragungsstandard im Mobilfunk, der als Nachfolger des heute üblichen LTE eine bis zu 100-mal höhere Datenrate verspricht. Bis zu zehn Gigabit in der Sekunde sollen über 5G transportiert werden können – siehe dazu Bit.

192.168.1.

Beispiel für eine IP-Adresse nach dem IPv4-Standard

2FA

Abkürzung für die sogenannte Zwei-Faktor-Authentifizierung (2FA), die zum Beispiel bei Bankkarten eingesetzt wird. Die Karte allein gewährt häufig noch keinen Zugang, es muss auch eine passende PIN-Nummer bekannt sein. Dieses Prinzip wird auch zur Passwortsicherung im Internet eingesetzt. Um ein Konto zu öffnen, wird dabei neben dem Passwort eine mehrstellige PIN-Nummer verlangt, die der Nutzer auf sein Smartphone geschickt bekommt. Dafür muss der Nutzer seine Handynummer hinterlegen, stellt damit aber sicher, dass ein Zugriff auf sein Konto nicht einzig über ein Passwort gesichert ist.

Access Now

Eine Nichtregierungsorganisation, die sich um die Verteidigung und den Ausbau der digitalen Grundrechte der Nutzerinnen und Nutzer kümmert. Access Now tritt für Pressefreiheit, ein offenes Internet, Datenschutz und Netzneutralität ein.

AGB

Abkürzung für Allgemeine Geschäftsbedingungen, die man bei zahlreichen Webanbietern vor der Nutzung akzeptieren muss. Viele Nutzer tun das, ohne diese wirklich zu lesen. Angeberwissen: Die Bezeichnung AGBs ist grammatikalisch falsch, denn »Bedingungen« ist bereits die deutsche Pluralform.

Alphabet

Name des Google-Mutterkonzerns

App

Abkürzung für das Wort »Application Software«, was zu Deutsch »Anwendungssoftware« bedeutet. Als Apps werden die kleinen Programme bezeichnet, die man auf ein Smartphone oder Tablet laden kann, um dessen Funktionsumfang zu erweitern.

AR

Abkürzung für »Augmented Reality«. Beschreibt eine digitale Erweiterung der Realität. Bekanntestes Beispiel für AR ist das Handyspiel Pokémon Go, bei dem die Kamera eines Smartphones die fürs Auge sichtbare Realität zeigt und dort kleine Tiere ergänzt, die man fangen kann.

Arpanet

Projekt der Advanced Research Projects Agency (ARPA) genannten Behörde, das als Prototyp des Internets gelten kann

ASCII

Abkürzung für »American Standard Code for Information Interchange«. Dieser Standard-Code umfasst 128 Zeichen und legt deren Codierung in der sogenannten 7-Bit-Form fest. Dadurch wird sichergestellt, dass diese 128 Zeichen auf allen unterschiedlichen Endgeräten und Betriebssystemen gleich angezeigt werden.

Backbone

Der englische Begriff für »Rückgrat« beschreibt die dem Internet zugrunde liegende Infrastruktur aus Glasfaserkabeln.

Back-up

Die Sicherungskopie von Daten auf einem Computer

Bandbreite

Die Signalverarbeitung einer Verbindung wird als Bandbreite bezeichnet. Besonders hohe Übertragungsraten werden als Breitband beschrieben.

Banner

Das englische Wort für »Flagge« oder »Fahne« wird im Internet häufig für Reklameflächen verwendet. Werbebanner im Netz gibt es in unterschiedlichen Formaten und Darstellungsformen.

Barlow, John Perry

Der Autor und Internet-Vordenker Kevin Kelly schrieb in seinem Nachruf auf John Perry Barlow im Frühjahr 2018: »Für mich war er immer der Bürgermeister des Internets.« Am 7.2. verstarb Barlow im Alter von 70 Jahren. Fast auf den Tag genau 21 Jahre zuvor hatte er die Unabhängigkeitserklärung des Cyberspace veröffentlicht, einen der zentralen Texte des Lebens im Web. Darin beschreibt er den Cyberspace als einen Ort, der sich der Einflussnahme der Regierung entzieht. Um diesen zu verteidigen, gründete der Mann, der als Viehzüchter und als Texter für die Band »Grateful Dead« gearbeitet hatte, im Jahr 1990 gemeinsam mit John Gilmore und Mitch Kapor die digitale Bürgerrechtsorganisation EFF (Electronic Frontier Foundation), die sich weiterhin für das Ziel einsetzt, das Barlow im letzten Satz der Unabhängigkeitserklärung formuliert: »Wir werden im Cyberspace eine Zivilisation des Geistes erschaffen. Möge sie humaner und gerechter sein als die Welt, die Eure Regierungen bislang errichteten.«

BCC

Wer eine Mail neben dem Empfänger noch blind an andere verschicken möchte, wählt die Blind-Carbon-Copy-Variante (BCC) – siehe dazu CC.

Berners-Lee, Mary Lee

Sie ist sozusagen die Großmutter des Web. Jedenfalls hat sich die Computer-Pionierin, die im Januar 2018 im Alter von 93 Jahren verstarb, selbst einmal so bezeichnet. Sie war Mutter von vier Kindern, und ihr ältester Sohn gilt heute als Vater des Web: Tim Berners-Lee erfand den Internetdienst »World Wide Web«. Dass dabei seine Mutter eine große Rolle gespielt hat, wissen die wenigsten. Sie arbeitete mit an dem ersten Computer, der weltweit kommerziell vertrieben wurde: dem Ferranti Mark I. Dabei setzte sie sich bereits in den 1950er-Jahren für die gleiche Bezahlung für Männer und Frauen ein (Equal Pay) und führte eine Arbeitsform ein, die man heute als Home Office bezeichnet. Bei Ferranti lernte sie auch ihren Mann Conway kennen, der ebenfalls in der Computerbranche tätig war.

Bit

Die kleinste Speichereinheit in der Datenübertragung nennt man Bit. Dabei handelt es sich um ein Kofferwort aus den Begriffen Binary (binär) und Digit (Ziffer). Acht Bit ergeben ein Byte. Ein Gigabyte entspricht 1024 Megabyte oder 1 048 576 Kilobyte und 1 073 741 824 Byte.

Bitcoin

Der Name eines Protokolls, das für die Kryptowährung Bitcoin verwendet wird – siehe dazu Blockchain

BitTorrent

Vom US-Amerikaner Bram Cohen erfundene Technik, um große Dateien einfach zu verbreiten. Der Begriff steht wörtlich für »reißender Datenstrom« und unterscheidet sich von zentralen Downloadsystemen dadurch, dass hier ein dezentrales Hoch- und Runterladen gleichzeitig möglich ist.

Blockchain

Als Kette aus Blöcken hat jemand mal die Blockchain beschrieben. Diese Kette wurde mit dem Bild eines Tisches verglichen, auf dem Gegenstände stehen. Alle Rechner, die an der Blockchain teilnehmen, notieren, welche Gegenstände dies zu welchem Zeitpunkt sind. Dieser Vorgang wird alle paar Minuten wiederholt und in einem Kassenbuch notiert, das auf allen Rechnern gespeichert ist. Da sich die Blockchain automatisch aktualisiert, ist es nahezu unmöglich, sie im Nachhinein zu manipulieren. Das Prinzip dabei: Aus der Summe aller Transaktionen wird ein sogenannter Hash errechnet. Auf diesem Hash baut die Kette der folgenden Transaktionen auf. Sollte jemand im Nachhinein Transaktionen verändern wollen, passt dieser Hash nicht mehr, und die Manipulation misslingt. Der Blockchain-Technologie wird große revolutionäre Kraft vorhergesagt.

Bookmark

Siehe Lesezeichen

Bot

Abkürzung für Roboter

Botnet

Ein Netzwerk von Computern, die ein Angreifer gleichzeitig nutzen kann, um beispielsweise sogenannte DDoS-

Angriffe durchzuführen, wird als Botnet bezeichnet. – (siehe dazu DDoS).

Breakfast Club, The

Film aus dem Jahr 1985, dessen Hauptfiguren sich gut eignen, um das Wesen von Social-Media-Plattformen zu illustrieren

Breitband

Eine vergleichsweise hohe Bandbreite in der Datenübertragung wird als Breitband bezeichnet. Es existiert kein allgemein verbindlicher Schwellenwert, ab dem man von Breitband spricht. Der Begriff wird häufig als Schlagwort für eine allgemein verbesserte Internet-Infrastruktur (Breitbandausbau) verwendet. Die für die Infrastruktur zuständige Bundesnetzagentur bietet seit 2015 unter breitbandmessung.de Endverbrauchern die Möglichkeit zu überprüfen, ob die Datenübertragungsrate ihres Internetanschlusses tatsächlich den Daten entspricht, die sie gekauft haben. Häufig treten hier große Differenzen zuungunsten der Verbraucher auf. Da die Messung nicht gerichtsfest ist, können diese sich aber häufig nicht wehren. Eine Sprecherin des Verbraucherzentralen-Bundesverbandes brachte diese Situation Anfang 2018 so auf den Punkt: »Wenn ein Auto 200 km/h fahren soll, aber regelmäßig nur 100 schafft, wäre das ein Skandal.«

Browser

Programm, mit dessen Hilfe man im Web surfen kann. Der erste bekanntere Browser hieß Mosaic, er war der vierte Browser, der außer Text auch Bilder und Grafiken anzeigen konnte. Vorläufer waren World Wide Web (1990), ViolaWWW (1991) und Erwise (1992). Die Website Browser-Statistik.de listet für Januar 2018 folgende Browser mit relevanten Marktanteilen auf: Chrome, Firefox, Safari, Internet Explorer, Samsung Browser, Edge.

Browser-Erweiterung

Programme, die das Surfen im Webbrowser erleichtern sollen. Diese Add-ons genannten Programme können unter Umständen auf das gesamte Surfverhalten des Nutzers zugreifen.

Browser-History

Der Verlauf der Webseiten, die Nutzer angesurft haben, ist in der sogenannten Browser-History gespeichert. Wer auf diese Daten Zugriff hat, kann damit Profile erstellen und Schlüsse auf das Web-Verhalten der Nutzer ziehen.

Caching

Das Speichern von Daten einer einmal aufgerufenen Internetseite auf der Festplatte bezeichnet man als Caching. Ziel des Caching ist es, den erneuten Zugriff auf die Seite zu beschleunigen. Durch den Cache lässt sich allerdings auch die Browser-History nachvollziehen.

Captcha

Das Akronym setzt sich aus den Anfangsbuchstaben der Phrase »Completely Automated Public Turing test to tell Computers and Humans Apart« zusammen, was man übersetzen kann als »gänzlich automatisierter, öffentlicher Turing-Test, der zwischen Computern und Menschen unterscheiden soll«. Diese Form des Tests wird auf Webseiten eingesetzt, auf denen Nutzer Formulare ausfüllen können, um dort nur Beiträge zuzulassen, die von menschlichen Nutzern stammen. (Der Begriff Turing-Test geht auf Alan Turing zurück und beschreibt den umgekehrten Test, bei dem ein Computer versucht, menschliche Reaktionen zu imitieren. Wenn er das so gut macht, dass ein Mensch denkt, er kommuniziere mit einem anderen Menschen, gilt der Turing-Test als bestanden.)

CC

Abkürzung für »carbon copy«, das den E-Mail-Versand in einem offenen Durchschlag beschreibt. Es können also neben dem primären Empfänger auch weitere Adressaten mitlesen, wenn diese »in cc gesetzt« sind.

CCSC

Abkürzung für das Competence Center Submarine Cables, das in der ostfriesischen Küstenstadt Norden beheimatet und ein Anlandepunkt für ein transatlantisches Seekabel ist.

Cerf, Vint

Sein vollständiger Name ist Vinton Gray Cerf, im Netz ist der US-amerikanische Mathematiker aber nur als Vint Cerf bekannt – häufig mit dem Zusatz »Vater des Internets«. Denn gemeinsam mit Bob Kahn hat er das entscheidende TCP/IP-Protokoll entwickelt, das für die dezentrale Struktur des Netzes eine wichtige Rolle spielt. Cerf ist dafür mit zahlreichen renommierten Preisen ausgezeichnet worden. Heute arbeitet er u. a. für Google. Er ist seit seiner Kindheit schwerhörig und auf ein Hörgerät angewiesen, weshalb er sich schon früh für die schriftliche Kommunikation übers Internet interessierte.

CERN

Die Abkürzung steht für »Conseil Européen pour la Recherche Nucléaire«. Der Erfinder des WWW, Tim Berners-

Lee, war am CERN angestellt, als er seine Erfindung entwickelte.

Chatbot

Wortkombination aus den Worten Chatten (schriftliches Sprechen im Internet) und Bot (Abkürzung für Roboter). Ein Chatbot bietet dem Nutzer die Möglichkeit, mit einer Maschine zu sprechen.

Chatroulette

Aus Russland stammende Website, die im Jahr 2009 ins Netz ging. Sie verbindet Nutzerinnen und Nutzer von Webcams per Zufall so miteinander, dass diese in eine Live-Videokonferenz geschaltet werden.

Clickbait

Übertriebene Ankündigungen (Teaser) in sozialen Netzwerken bezeichnet man als Clickbait. Der Begriff stammt vom englischen »bait« (Köder) und wird verwendet, wenn Texte zum Beispiel in dieser Form angekündigt werden: »Fünf Dinge, die du kennst, wenn du aus dieser Stadt kommst – beim dritten Punkt musst du weinen«.

Client-Server-Modell

Eine der grundlegenden Kommunikationsstrukturen des Internets beschreibt das Verhältnis zwischen zwei Kommunikationspartnern (Computern). Der Server stellt dabei Informationen zur Verfügung, die der Client abrufen kann.

Cloud

Das englische Wort für »Wolke« beschreibt eine besondere Form der Datenspeicherung. Daten in der Cloud speichern zu können heißt, sie nicht auf einem lokalen Rechner abzulegen, sondern – über das Internet – in einem Verbund von Rechnern. Ein großer Cloudanbieter ist Amazon, der vielen vor allem als Versandhändler bekannt ist.

Cookies

Diejenigen kleinen Dateien, die auf der Festplatte abgelegt werden, um sie anschließend wieder zu identifizieren, werden als Cookies bezeichnet. Mit Keksen haben diese Dateien nicht viel gemeinsam. Sie werden genutzt, um Webseiten auf die Nutzer zuzuschneiden, ohne dass diese sich zum Beispiel einloggen müssen. Hauptverwendungszweck von Cookies ist jedoch das Erstellen von Benutzerprofilen.

Creative Commons

Oberbegriff für ein neues urheberrechtliches Lizenzmodell, das maßgeblich von Lawrence Lessig geprägt wurde. Creative-Commons-Lizenzen tragen der Tatsache Rechnung, dass auch urheberrechtlich geschützte Inhalte im Internet sehr leicht kopiert werden können. Im klassischen Urheberrecht ist dies nicht vorgesehen. Die CC-Lizenzen gestatten deshalb eine Weiterverwendung von Inhalten unter bestimmten Vorgaben (etwa für die nicht-kommerzielle, private Nutzung).

Crowd

Englischer Begriff für die vielen, die durch das Netz zu aktiven Teilnehmern am Kommunikationsprozess werden können. Die Bezeichnung »Crowd« findet zum Beispiel Verwendung in den Begriffen Crowdsourcing (Auslagern von Wissensgenerierung auf viele) oder Crowdfunding (Finanzierung durch Vorabbezahlung durch das Publikum).

Cyberspace

Der Begriff setzt sich aus dem ersten Teil des Wortes Cybernetics (Kybernetik) und dem englischen Wort für »Weltraum« oder »All« zusammen. Wörtlich bedeutet Cyberspace also »kybernetischer Raum«. Im allgemeinen Sprachgebrauch wird der Begriff für die ortlosen Orte benutzt, die durch digitale Technologien erzeugt werden.

Darknet

Man unterscheidet unterschiedliche Bereiche des Web: Das Clearnet oder Surface-Web ist der sichtbare Bereich im Web, der von Suchmaschinen gefunden wird. Den Bereich, der zum Beispiel in Intranets oder hinter Bezahlschranken liegt, nennt man Deep Web. Deep und Surface-Web sind vom sogenannten Darknet zu unterscheiden. Seinen Namen verdankt dieses der Tatsache, dass es den Nutzern völlige Anonymität ermöglicht. Das bekannteste Darknet basiert auf der Verschlüsselungssoftware Tor.

Datenpakete

Inhalte werden im Internet nie als Ganzes, sondern immer in Teilen übertragen – in sogenannten Datenpaketen. Dafür gibt es zwei Gründe: Einerseits muss so bei der Störung einer Verbindung nie das ganze Paket noch einmal übertragen werden, sondern nur der fehlende Teil. Und zweitens können auf diese Weise auch Systeme miteinander kommunizieren, die unterschiedlich schnell sind. Für den Transport der Pakete sind sogenannte Protokolle zuständig. Die Datenpakete werden unabhängig von ihrem Inhalt allesamt gleich behandelt. Dieses Vorgehen nennt man Netzneutralität.

DDoS

Die Abkürzung steht für »Distributed Denial of Service« und beschreibt einen Angriff der Cyberkriminalität. Dabei werden von so vielen Stellen Anfragen an einen Server geschickt, dass dieser unter der Last der Anfragen zusammen-bricht. Der Begriff »Denial of Service« beschreibt die feh-lende Verfügbarkeit eines Dienstes. Dieser Zustand wird bei einer DDoS-Attacke über verteilte (distributed) Anfragen erzeugt. Diese Verteilung wird häufig über Rechner durch-geführt, zu denen sich Angreifer unrechtmäßig Zugang verschafft haben.

Deep Web
Siehe Darknet

DENIC
Genossenschaft mit Sitz in Frankfurt, die sich um die Ver-waltung der deutschen Top-Level-Domain .de kümmert. Mitglieder der Genossenschaft sind vor allem Telekommuni-kationsfirmen und Internetanbieter. Vor der Gründung im Jahr 1996 lag die Verwaltung der Internet-Domains in Deutschland in den Händen von Universitäten, die diese Aufgabe gemeinsam mit den Internetprovidern leisteten. Die DENIC arbeitet ohne Gewinnerzielungsabsicht.

DFÜ
Abkürzung für Datenfernübertragung

Dienst
Das World Wide Web ist ein sogenannter Internetdienst. So bezeichnet man diejenigen Programme in einem Netz-werk, die gestartet werden und bei einer Anfrage reagieren. Nach einer Anfrage schließt sich ein Dienst nicht, sondern wartet auf die nächste Anfrage eines Clients (siehe dazu Client-Server-Modell). Zur Nutzung eines Dienstes benötigt man spezielle Programme, beim WWW ist dies zum Beispiel ein Browser. Die drei am häufigsten genutzten Dienste im Inter-

net sind der WWW-Dienst, der E-Mail-Dienst, der sich aus den beiden Protokollen SMTP (Simple Mail Transfer Protocol) und POP (Post Office Protocol) zusammensetzt, und der FTP (File Transfer Protocol), der zum Austausch von Dateien genutzt werden kann.

DNS

Der Domain Name Service übersetzt die Ziffern von Internetadressen in für Menschen leicht lesbare Begriffe und Namen.

DSGVO

Abkürzung für Datenschutzgrundverordnung. Name einer EU-Richtlinie, die Nutzern wieder mehr Macht über ihre Daten im Internet geben will

Emoji

Die kleinen Bilder, die man bei der Kommunikation im Internet nutzen kann, nennt man Emojis.

Emoticon

Dieses Kofferwort aus den englischen Begriffen »Emotion« (Gefühl) und »Icon« (Bild) beschreibt Schriftzeichen, die in einem neuen Kontext zusammengesetzt werden und so eine andere Bedeutung erlangen. Am bekanntesten ist vermutlich die Kombination Doppelpunkt, Bindestrich, Klammer zu, die im Jahr 1982 erstmals als Smiley genutzt wurde.

Fahlman, Scott E.

Der Informatikprofessor an der Carnegie Mellon University in Pittsburgh gilt als Erfinder des Smileys. Er schrieb im September 1982 in ein elektronisches Mitteilungsbord seiner Universität den Vorschlag, die Tastenkombination :-)

künftig als Ausdruck der Freude zu verwenden. Für weniger lustige Beiträge schlug er :-(vor. Zwanzig Jahre nach seinem ersten Post fand die Universität seinen Beitrag in einem alten Back-up wieder.

Fiber

Englischer Begriff für Glasfaserkabel

Fiber to the home

Stehender Begriff, der die sogenannte letzte Mail der Internetverkabelung durch Glasfaser beschreibt, wörtlich übersetzt heißt es »Glasfaser bis zur Haustür«. Denn häufig fehlen in der Anbindung von Endverbrauchern die schnellen Lichtwellenleiter. Das Rückgrat des Internets (Backbone) beispielsweise auf dem Meeresboden ist meist schon mit Glasfasern ausgestattet. Dies auch in der Anbindung von Endverbrauchern zu gewährleisten, ist Ziel der FTTH abgekürzten Bemühungen.

Filter Bubble

Buchtitel des US-amerikanischen Autors und Internetaktivisten Eli Pariser, der im Jahr 2011 damit die negativen Folgen einer steigenden Personalisierung von Internetangeboten beschrieb: Nutzerinnen und Nutzer, die sich in ihrer eigenen Filterblase bewegen, sehen überwiegend Informationen und Meinungen, die ihre eigene Haltung bestätigen. Ihnen fehlt dadurch ein Blick für andere Perspektiven auf die Welt.

Flausch

Im deutschsprachigen Web gebräuchlicher Oberbegriff für freundliche Zuwendung. Er leitet sich von Fotos besonders flauschiger Tiere ab und wird als Ausdruck der Zuneigung und Unterstützung verwendet. Gegenbegriff zum Shitstorm

GAFAM

Oberbegriff, der sich aus den Anfangsbuchstaben der großen Internetfirmen Google, Amazon, Facebook, Apple und Microsoft zusammensetzt und die Marktmacht der Anbieter beschreiben soll

Geoblocking

Die Auswahl von Internetinhalten auf Basis bestimmter IP-Adressen beschreibt man als Geoblocking. Gerade bei Film- oder Sportrechten basiert die Rechtevergabe oftmals auf bestimmten regionalen Märkten. So ist es zum Beispiel derzeit nicht möglich, Fußballspiele in der *Sportschau* von ausländischen IP-Adressen aus anzusehen.

Glasfaser

Der greifbare Kern des Internets besteht aus Licht, das über sogenannte Glasfasern übertragen wird. Diese sind dünner als ein menschliches Haar, können aber sehr große Datenmengen in sehr hoher Geschwindigkeit übertragen.

Gobo

Software, die am Media Lab in Cambridge entwickelt wird – mit dem Ziel, Nutzer von Social-Media-Plattformen in die Lage zu versetzen, die Filtermechanismen der Plattformen zu durchbrechen und selbst zu entscheiden, welche Inhalte ihnen angezeigt werden sollen

Godwins Law

Schon 1990 vom Juristen und Autor Mike Godwin formulierte Beobachtung in Bezug auf die Diskussionskultur im Internet. Godwin stellte fest, dass sich mit zunehmender Länge einer Online-Diskussion die Wahrscheinlichkeit eines Hitler- oder Nazivergleichs dem Wert eins annähert – also immer wahrscheinlicher wird. Salopp formuliert: Über kurz oder lang kommt irgendwer in einer Online-Debatte mit einem Hitler-Vergleich an.

GPS

Abkürzung für Global Positioning System, das eine Positionsbestimmung mittels Navigationssatellitensystem ermöglicht

Hall, Justin

Bereits im Jahr 1994 begann der weltweit erste Blogger, auf der Seite links.net sein Online-Tagebuch zu führen – und betrieb damit das erste Weblog der Welt. Heute ist Justin Hall Geschäftsführer der Computerspielfirma Gamelayers.

Hall of Fame

Die Internet-Society pflegt seit Frühjahr 2012 auf der Website internethalloffame.org eine Ruhmeshalle, in der die wichtigsten Köpfe geehrt werden, die Einfluss auf die Entwicklung des Internets hatten und haben.

Hashtag

Schlagwort, das über das Rautezeichen # auf der Tastatur eingeleitet wird. Wurde von Nutzern in Twitter eingeführt, um Tweets (Beiträge in dem Netzwerk) besser sortierbar zu machen. Der Hashtag wird mittlerweile in vielen anderen Netzwerken eingesetzt und wie das @-Zeichen auch außerhalb des Netzes als Symbol für die digitale Welt verwendet.

Hashtag #erstdenkendannposten

2017 vom Kinderhilfswerk ins Leben gerufen, um Eltern daran zu erinnern, dass sie nicht, ohne nachzudenken, Bilder ihrer Kinder ins Netz stellen sollen

Hashtag #gegendiepanik

Nach dem rechtsradikalen Terroranschlag am Münchner Olympia-Einkaufszentrum erfundener Hashtag, der auf die Seite gegen-die-panik.de verweist, auf der sieben Regeln gegen Halbwahrheiten und Gerüchte in Eilmeldungslagen gesammelt werden

Hellbanning

Als Hellbanning beschreibt man eine Anwendung, bei der unliebsame Kommentare ausgeblendet werden. Der Begriff stammt aus dem Englischen und kann mit »Verbannung in die Hölle« übersetzt werden. Das Prinzip dabei: Kommentare, die gegen die Regeln verstoßen, werden anderen Nutzern nicht mehr angezeigt. Derjenige jedoch, der einen solchen Kommentar gepostet hat, kann diesen weiterhin sehen – und weiß nichts von seiner Verbannung.

ICANN

Abkürzung für Internet Corporation for Assigned Names and Numbers. Die ICANN kümmert sich um die Domain-Endungen im Web. Es handelt sich um eine Non-Profit-Organisation, die bis 2016 unter der Schirmherrschaft des US-Handelsministeriums stand. Unter dem Titel »IANA-Transition« überführte die Obama-Regierung die ICANN damals aus US-amerikanischer Aufsicht.

ICQ

Abkürzung für »I seek you« (Ich suche dich) – Name des ersten Instant-Messaging-Diensts, der im Jahr 1996 auf den Markt kam. Ein Jahr später folgte das AOL-Programm Instant Messenger (AIM), dem wiederum zahlreiche weitere Messenger folgten.

IP

Von Vint Cerf und Bob Kahn entwickeltes Internetprotokoll, das regelt, wie Computer Datenpakete über das Internet versenden

IP-Adresse

Über diese eindeutige Nummer, die sich jeweils aus vier Ziffernblöcken zusammensetzt, wird jedes Gerät, das ans Internet angeschlossen ist, eindeutig identifiziert.

ISP

Firmen, die Nutzern den Zugang zum Internet gewähren

Killswitch

Mit diesem englischen Begriff für einen Notausschalter wird die Option beschrieben, das Netz komplett zum Erliegen zu bringen. In autoritären Staaten kann dies etwa dadurch geschehen, dass an zentralen Netzknotenpunkten die sogenannten Backbonerouter heruntergefahren werden. Im Sommer 2016 machte die irakische Regierung von dieser Methode Gebrauch, um Betrugsversuche bei landesweiten Schulprüfungen zu unterbinden. Die NGO Access Now kritisierte dieses Vorgehen damals scharf.

Auch das US-amerikanische Heimatschutzministerium hat unter dem Schlagwort »Standard Operation Procedure 303« (SOP303) eine Regelung geschaffen, die im Fall »nationaler Krisen« eine Abschaltung mobiler Netze für einen bestimmten Ort ermöglichen soll.

Klammeraffe

Spaßig gemeinte Umschreibung für das @-Zeichen, das erstmals im Jahr 1971 als Trennung in der Adresszeile bei digitalen Botschaften eingesetzt wurde. Ray Tomlinson nutzte es in seiner ersten E-Mail. In Schweden nennt man es Zimt-schnecke, in Dänemark Elefantenrüssel und in Japan Wasser-wirbel.

Kleinrock, Leonard

US-amerikanischer Informatikprofessor an der University of California in Los Angeles, der zum sogenannten Packet Switching forscht. Kleinrock war dabei, als im Oktober 1969 die erste Arpanet-Verbindung zwischen zwei Rechnern her-gestellt wurde.

Kopie

Das Internet ist im Kern eine riesige Kopiermaschine. Denn fast immer, wenn vom Datentransfer gesprochen wird, geht es um das Kopieren von Daten. Die historische Unge-heuerlichkeit, dass Daten identisch und nahezu kostenfrei dupliziert werden können, stellt die Geschäftsmodelle von Verlagen und Sendern vor eine große und andauernde Her-ausforderung.

Kostenloskultur

Schlagwort aus der Frühphase des Internets, das meist als Kritik an denjenigen verwendet wird, die Inhalte ohne direkte Bezahlung im Internet konsumieren. Da auch die Nutzung vieler Social-Media-Dienste im Web kostenfrei ist, weisen Kritiker darauf hin, dass hier auf andere Weise – meist über die Auswertung von Nutzerdaten – bezahlt wird.

LAN

Die Abkürzung steht für »Local Area Network« und be-schreibt ein räumlich begrenztes Netzwerk. Wenn dieses Netzwerk ohne Kabel zugänglich ist, spricht man von einem WLAN (Wireless LAN).

Lesezeichen

Die Möglichkeit, Webseiten im Browser so zu markieren, dass man sie zu einem späteren Zeitpunkt ansurfen kann, wird als Bookmark oder Lesezeichen beschrieben und basiert auf dem Prinzip analogen Lesens.

Les Horribles Cernettes

Name einer aus vier Mitarbeiterinnen des Schweizer CERN bestehenden Band, die im Jahr 1992 bei einem Auftritt von einem Mitarbeiter fotografiert wurde. Er stellte das Foto einen Tag später ins Internet – es war das erste Bild, das jemals hochgeladen wurde.

Lo and Behold

Sehenswerter Dokumentarfilm von Werner Herzog über das Internet, seine Geschichte und mögliche Zukunft (*Wovon träumt das Internet?*). Die Formulierung bezieht sich auf die erste Botschaft, die über das Arpanet (dem Vorläufer des Internets) verschickt wurde: Es war das Wort »Login«, das vor dem »G« abgebrochen wurde. »Lo and Behold« ist eine englische Formulierung aus dem 18. Jahrhundert, die man als »Sehe und staune!« übersetzen kann.

Long Tail

Titel eines Buches von Chris Anderson, in dem dieser beschreibt, wie sich durch die Verfügbarkeit von Kulturgütern wie Filmen oder Musik die Nutzung von Hits hin zu einer sehr langfristigen Nutzung in Nischen verschiebt.

Mailbombe

Wird mittels unzähliger E-Mails, die von anonymen Servern verschickt werden, der Computer oder Mailserver eines Angegriffenen lahmgelegt, spricht man von einer Mailbombe. Diese Form des Angriffs wurde früher oft gegen Privatpersonen und Unternehmen geführt. Ihre Anwendung hat in der jüngeren Vergangenheit nachgelassen.

Malware

Wortschöpfung aus den Begriffen »malicious« (bösartig) und Software – beschreibt ein schadhaftes Computerprogramm, dessen Ziel es ist, den Nutzer in die Irre zu führen oder Zugang zu dessen Computer zu erhalten

Marea

Das spanische Wort für »Gezeiten« ist der Name des derzeit leistungsfähigsten Unterseekabels zur Datenübertragung. Marea kann bis zu 160 Terrabit Daten innerhalb einer Sekunde übertragen. Das Kabel führt von Bilbao im spanischen Baskenland nach Virginia Beach im US-Bundesstaat Virginia.

Matching

Menschen können sich übers Internet auf neue und andere Art kennenlernen. Das hat auch großen Einfluss auf die Art, wie sich Liebespaare kennenlernen. Sogenannte Dating-Seiten sind sehr beliebt und versprechen, mit technischer Hilfe den passenden Partner zu finden. Das Besondere dabei: Ihr Funktionsprinzip – das sogenannte Matching, also das Zusammenführen von zwei Teilen, die vorher nicht wussten, dass sie zusammengehören – ist zu einem der zentralen Geschäftsmodelle im Netz geworden. Es findet sich in der Mobilität (Uber, MyTaxi etc.), beim Wohnen (AirBnB) und in vielen anderen Bereichen wieder.

Million Dollar Homepage

Idee des 21-jährigen Briten Alex Tew, der im Jahr 2005

eine Website pixelweise für Werbung verkaufte. In einem
Feld von 1000 x 1000 Pixeln konnten Kunden einzelne Pixel
für ihre Werbung kaufen. Durch das große mediale Interesse
(virale Verbreitung) wurden alle Pixel verkauft, und Tew ver-
diente sehr viel Geld.

Netiquette

Kofferwort aus Netz und Etikette, beschreibt soziale Konventionen für den Austausch im Web

Netmundial

Name einer Internetkonferenz, die im Jahr 2014 in
Brasilien stattfand

Netz-DG

Abkürzung für das »Gesetz zur Verbesserung der Rechtsdurchsetzung in sozialen Netzwerken«, das als Netzwerkdurchsetzungsgesetz Anfang 2018 für Debatten sorgte. Kern
des Netz-DG: Betreiber sozialer Netzwerke wie Twitter,
Facebook und YouTube müssen »offensichtlich rechtswidrige
Inhalte innerhalb von 24 Stunden« nach Eingang einer Be-
schwerde löschen oder sperren. Kritiker sehen dies als Angriff auf die Meinungsfreiheit.

NSFW

Die Abkürzung für die Worte »Not Safe For Work« beschreibt anstößige, meist pornografische Inhalte, die man
nicht im Arbeitsumfeld anschauen sollte.

Open Source

Software, deren Quellcode zur Bearbeitung offengelegt
wird. Sie unterscheidet sich von den Programmen, die nicht
weiterbearbeitet werden können.

Paketvermittlung

Paketvermittlung unterscheidet sich von der Linienvermittlung dadurch, dass Informationen nicht über einen festgelegten Weg von A nach B transportiert, sondern in Pakete zerlegt und über unterschiedliche Strecken durchs Netzwerk geschickt werden.

Passwort

Eine Kombination aus Zahlen, Ziffern und Zeichen, die nötig ist, um einen Account zu sichern. Experten raten, möglichst lange Passwörter zu nutzen und diese häufig zu ändern. Hilfreich sind dabei auch sogenannte Passwort-Manager, die hinter einem Masterpasswort die Zugänge zu vielen unterschiedlichen Accounts speichern.

PGP

Abkürzung für »Pretty Good Privacy«. Beschreibt eine Verschlüsselungstechnik für E-Mails

Phishing

Das Abgreifen und Abfischen fremder Daten bezeichnet man als Phishing. Die bekannteste Form eines Phishing-Angriffs besteht darin, eine E-Mail unter falschem Absender zu verschicken oder sich beispielsweise als Bank auszugeben, die Konto- und Zugangsdaten überprüfen will. Wenn gutgläubige Nutzer dann auf den Link in der Mail klicken, landen sie auf einer fremden Seite, die der Originalseite täuschend ähnlich sieht. Durch die Konto- und Zugangsdaten kann der Angreifer nun einen sogenannten Identitätsdiebstahl begehen und im Namen des Angegriffenen zum Beispiel Bankgeschäfte tätigen.

Piraten

Eine politische Bewegung, die sich Mitte der Nullerjahre formte. Die Piraten verstanden sich als politische Vertretung der Internetnutzer und verwendeten dafür das Bild der Seeräuber, um die damals weit verbreitete Praxis der Urheberrechtsverletzungen umzudeuten und den vermeintlichen Raub moralisch anders zu werten.

Plattform-Kapitalismus

In ihrem Buch *Die Plattform-Revolution* definieren die US-amerikanischen Wirtschaftswissenschaftler Geoffrey Parker, Marshall W. Van Alstyne und Sangeet Paul Choudary eine Plattform als »ein Geschäftsmodell, das darauf beruht, dass wertschöpfende Interaktionen zwischen externen Anbietern/Erzeugern und Kunden ermöglicht werden«[44]. Diese Form der Interaktion erfreut sich im Internet großer Beliebtheit, die Stores für Apps auf Smartphones und auch Social-Media-Netzwerke funktionieren nach diesem Prinzip, das die Anbieter auf Dauer immer mächtiger macht.

Podcast

Kofferwort aus den Begriffen iPod (MP3-Player von Apple) und Broadcast (engl. für »Rundfunk«), bezeichnet die Möglichkeit, Radiosendungen aufzuzeichnen und zum Download anzubieten. Podcasts werden aber nicht nur von professionellen Radiomachern angeboten, sie haben sich zu einer eigenen spannenden Distributionsform im Netz entwickelt, die von vielen genutzt wird und zum Beispiel über den Podcast-Dienst von iTunes meist kostenlos abonniert werden kann.

Port

Das englische Wort für »Hafen« beschreibt einen Nummernbereich, in dem bestimmte Internetdienste kommunizieren. Man unterscheidet je nach Nummernbereich zwischen älteren sogenannten Well Known Ports (Portnummern bis 1023), den Registered Ports (deren Portnummern sich zwischen 1024 und 49151 bewegen) sowie den Private oder Dynamic Ports (Portnummern zwischen 49152 und 65535). Die wichtigsten Internetdienste haben Standardports, so steht Port 80 für den Dienst World Wide Web. Wenn also ein Webserver von einem Client angesprochen wird, geschieht dies auf Port 80.

PPP

Abkürzung für »Point to Point Protocol«, das eine Verbindung über Einwahl ermöglicht

Protokoll

Die Regelsammlungen, die festlegen, wie die Übertragung und Kommunikation im Internet ablaufen soll, nennt man Protokolle. Diese Protokolle sind notwendig, um die sehr unterschiedlichen Geräte im Internet miteinander standardisiert zu verbinden. Soll zum Beispiel eine Mail von einem Server abgerufen werden, verpackt der Client die Anfrage in das für die Mailkommunikation zuständige Protokoll (POP). Auf den weiter unten liegenden Ebenen (Layern) wird das Datenpaket ebenso verpackt und auf der untersten Ebene des Client an den Server übergeben. Auf der Seite des Servers wird das Datenpaket auf gleiche Weise mithilfe von Protokollen auf allen Ebenen (Layern) entpackt. Auf diese Weise werden die Inhalte der Kommunikation losgelöst von der technischen Verbindung der Kommunikation. Diese Protokoll-Logik hilft, trotz der Heterogenität des Internets

Verbindung herzustellen. Man unterscheidet zwei Arten von Protokollen. Es gibt einerseits die verbindungsorientierten Protokolle (siehe dazu TCP), die – sehr vereinfacht gesprochen – funktionieren wie eine Telefonverbindung: Sie benötigen einen Anfangs- und einen Endpunkt der Kommunikation, die ihre gegenseitige Verbindung bestätigen. Bei den sogenannten zustandslosen Protokollen fehlt diese Bestätigung. Sie funktionieren wie eine Rampe, über die ein Inhalt abgeworfen wird. Es gibt dabei keine Übertragungsgarantie, weil die Gegenseite den Empfang der Datenpakete nicht sicherstellen kann. Zustandslose Protokolle werden beispielsweise beim Streaming von Musik- oder Videoinhalten eingesetzt, die bereits während der Übertragung abgespielt werden. Auch das User Datagram Protocol (UDP), das den Domain Name Service (DNS) regelt, zählt zu den zustandslosen Protokollen.

Provider

Als Provider bezeichnet man Firmen, die gegen Bezahlung bestimmte Dienstleistungen anbieten. Webspace-Provider stellen zum Beispiel Speicherplatz auf einem Webserver zur Verfügung, Internet-Service-Provider (ISP) ermöglichen den Zugang zum Internet.

Proxy

Der Begriff leitet sich vom lateinischen »proximus« (der Nächste) ab und wird für Computer verwendet, die als Kommunikationsschnittstelle in einem Netzwerk agieren: Proxy-Server nehmen Anfragen von unterschiedlichen Clients entgegen und leiten diese unter eigener Adresse weiter.

QR-Code

Die beiden Buchstaben stehen für »Quick Response«, was sich als »schnelle Antwort« übersetzen lässt. Die meist quadratischen QR-Codes ermöglichen das Einscannen, etwa mit einer Handykamera, und leiten den Nutzer auf eine Website, ohne dass man eine Adresse eingeben muss.

Rage-Comic

Besondere Form eines Webcomics, bei dem wütende Gesichtsausdrücke, sogenannte Rage Faces, gezeigt werden

Ransom Software

Name einer besonderen Form der Schadsoftware (Malware), die einen Rechner befällt und dessen Programme und Dateien so verschlüsselt, dass eine Nutzung nicht mehr möglich ist. Erst nach Zahlung eines Lösegeldes ist es möglich, den Computer durch einen Freigabecode zu entsperren.

Request for Comments

Leicht irreführender Begriff, der wörtlich übersetzt »Bitte um Kommentierung« heißt. Es geht aber gar nicht ums Kommentieren. RFCs sind Internetprotokoll-Standards (siehe dann Protokoll), die auf der Internetseite der Internet Engineering Task Force (IETF) veröffentlicht werden. RFCs werden durchnummeriert und dokumentieren den Fortschritt von Protokollen.

Robert T-Online

Werbefigur der Telekom, die bis zum Jahr 2003 für Internetzugänge der Telekom warb

Router

Die Geräte, die aus der eigenen Wohnung den Zugang zum Internet ermöglichen, nennt man Router. Wie Lotsen geben Router den zu transportierenden Datenpaketen eine Richtung vor.

Routing

Die Tätigkeit eines Routers (Lotse) beschreibt man als Routing. Es geht darum, Datenpaketen eine Richtung zu geben.

RSS

Mithilfe dieser Technologie kann man Webseiten abonnieren und bei Veränderungen auf der Seite informiert werden. RSS steht für »Rich Site Summary«.

Satelliteninternet

Bezeichnung für diejenigen Internetverbindungen, die nicht über Kabel hergestellt werden, sondern über die Übertragung über Satelliten. Diese haben höhere Latenzzeiten (Verzögerungen) als das Internet über Kabel und eine geringere Bandbreite.

Schmalband

Gegenteil des häufiger gebrauchten Begriffs Breitband. Beschreibt eine sehr geringe Datenübertragung von maximal 64 kbit/s. In der Frühphase des Internets waren Schmalbandzugänge stärker verbreitet als heute.

Server

Siehe Client-Server-Modell

Shareware

Als Shareware werden Computerprogramme bezeichnet, die man zu Beginn kostenlos nutzen kann. Später bzw. um den vollen Funktionsumfang zu nutzen, wird man aber aufgefordert, eine Registrierungsgebühr zu bezahlen.

Shitstorm

Englischer Begriff, der sich als Oberbegriff für Empörungswellen im Web etabliert hat. Wer von einem Shitstorm betroffen ist, sieht sich häufig zahlreichen Anschuldigungen und öffentlichen Beschimpfungen ausgesetzt.

Sicherheitsindex

Die Initiative »Deutschland sicher im Netz« befragt seit 2013 jährlich Bundesbürger nach ihrem Sicherheitsgefühl im Internet – und ermittelt darüber den sogenannten Sicherheitsindex: Online-Nutzer ab 16 Jahren werden dabei gebeten, auf einer Skala von 0 bis 100 ihre subjektive Bedrohungslage mit dem Schutzniveau der Verbraucher zusammenzubringen. Liegt der ermittelte Wert unter 50 Punkten, gilt die Verunsicherung als höher als das subjektive Sicherheitsgefühl. Im Web kann man die Ergebnisse unter https://www.sicher-im-netz.de/sicherheitsindex-2018 nachlesen.

Smartphone

Erstmals im Jahr 1997 von der schwedischen Firma Ericsson genutzter Begriff. Der so beschriebene GS88-Communicator kam allerdings nie auf den Markt. Allerdings ging es Ericsson damals weniger um das Gerät als vielmehr um die Software, die als Betriebssystem für mobile Geräte entwickelt wurde. Der Begriff Smartphone setzte sich zehn Jahre später durch, als Apple sein iPhone auf den Markt brachte.

Smiley

Im September 1982 schrieb der spätere Informatikprofessor Scott E. Fahlman die Zeichen Doppelpunkt, Bindestrich, Klammer zu in eine Diskussionsgruppe seiner Universität und ergänzte:»Ich schlage die folgende Zeichenfolge als Ausdruck für Witzemacher vor. Man muss es seitwärts lesen :-) Aber vielleicht brauchen wir eher ein Zeichen, das Dinge benennt, die NICHT lustig sind: :-(«. Dieser Eintrag gilt als Geburtsstunde des Smileys, des vermutlich bekanntesten Emoticons.

Sniffing

Das Abhören von Kommunikationsinhalten bezeichnet man als Sniffing. Auf diese Weise kann ein Angreifer zum Beispiel Passwörter auslesen.

Snowden, Edward

Der vermutlich bekannteste Whistleblower der jüngeren Geschichte. Der ehemalige Geheimdienstmitarbeiter sorgte im Sommer 2013 weltweit für Aufsehen, als er die Überwachungspraktiken westlicher Geheimdienste öffentlich machte. Zurzeit befindet sich Snowden im Exil in Russland, da in den USA ein Haftbefehl gegen ihn vorliegt. Es droht ihm eine jahrzehntelange Haftstrafe.

Socket

Die Verbindung zwischen IP-Adresse und Port wird als Socket bezeichnet. Durch einen Socket kann ein Server verschiedene Anfragen von Clients unterscheiden.

SPAM

Oberbegriff für ungebetene Werbemails. Wird mittlerweile auch als Tätigkeitswort für die Übermittlung unerwünschter Werbung verwendet: »Spam mich nicht zu.«

Spoofing

Das Verschleiern oder Verändern einer Absenderadresse beim Mailversand wird als Spoofing bezeichnet.

Sprachassistenz

Oberbegriff für die Option, sprechend mit Computern zu kommunizieren. Bekannte Sprachassistenten sind Siri (Apple), Alexa (Amazon) und Cortana (Microsoft).

SSH

Name eines Programms für den Fernzugriff auf einen Rechner. SSH gilt als die bessere Variante zu Telnet, weil es eine gesicherte Verbindung herstellt.

Stack

Das englische Wort für »Stapel« wird verwendet, um die Summe der Protokolle zu beschreiben, die notwendig sind, um ein Datenpaket über die unterschiedlichen Ebenen (Layer) der Internetkommunikation zu übertragen.

Storys

Bewegtbildformat, in dem Nutzer kurze Clips zeigen können, die nur für 24 Stunden sichtbar sind. Wurde vom Dienst Snapchat erfunden und dann von zahlreichen Anbietern nachgebaut. Gleiches gilt auch für die häufig in Stories genutzten Filter, Emojis und Bilder, die man verwenden kann, um beispielsweise sein Gesicht zu schmücken. Stories sind mittlerweile ein wichtiger Bestandteil im Fotodienst Instagram.

Streaming

Die Wiedergabe von Video- und Audioinhalten über ein Netzwerk wird als Streaming bezeichnet. Im Musikbereich ist Spotify ein bekannter Anbieter, bei dem in einem monatlichen Abo auf Musikdateien zugegriffen werden kann.

Streisand-Effekt

Nach der US-amerikanischen Schauspielerin Barbra Streisand benanntes Phänomen, bei dem der öffentliche Wunsch, eine Information zu unterdrücken, diese noch bekannter macht. Streisand wollte gerichtlich Bilder ihres Hauses in Kalifornien verbieten lassen, was diese Bilder erst ins Interesse der Öffentlichkeit rückte und damit noch bekannter machte.

TAT-14

Name des Tiefseekabels, das die Vereinigten Staaten mit Großbritannien, Deutschland, Dänemark, Frankreich und Holland verbindet. Das Kabel gehört der Deutschen Telekom, Concert, Sprint, France Telecom und KPNQwest. Es hat eine eigene Website, auf der seine Leistungsdaten aufgelistet werden: tat-14.com.

TCP

Das Transmission Control Protocol regelt den Informationsaustausch zwischen Computern. Da das TCP genannte Protokoll für den Versand von Datenpaketen IP verwendet, hat sich die Abkürzung TCP/IP eingebürgert.

Techlash

Wortneuschöpfung aus den Begriffen »Technologie« und »Backlash«, steht als Oberbegriff für die unterschiedlichen Versuche der Regulierung der großen fünf GAFAM-Plattformen

Telnet

Name eines Protokolls, das einen Fernzugriff auf einen anderen Rechner ermöglicht. Da die Daten bei diesem Zugriff im Klartext übertragen werden, wird dieses Protokoll heutzutage nicht mehr empfohlen.

Top-Level-Domains

Als Domains bezeichnet man die Adressen, die man in die Browserzeile eingibt, wenn man eine Website aufrufen möchte. Domains werden von rechts nach links gelesen und beginnen mit einer Endung hinter einem Punkt. Diese nennt man Top-Level-Domain. Links daneben folgt der sogenannte Domain-Name, auch Second-Level-Domain genannt. Die Top-Level-Domain für Webseiten aus Deutschland lautet .de.

Traceroute

Ein Verfahren, mit dessen Hilfe man ermitteln kann, welchen Weg Datenpakete durchs Internet nehmen

Tracking

Das Nachverfolgen von Nutzeraktivitäten auf Webseiten wird als Tracking bezeichnet. Nutzer werden zum Beispiel durch Cookies identifizierbar und so auch auf anderen Webseiten erkannt. Dies ermöglicht Werbetreibenden, ihnen auf sie zugeschnittene Werbung anzuzeigen. Dieser Prozess wird auch als Targeting oder Re-Targeting bezeichnet.

UGC

Abkürzung für den englischen Begriff »User Generated Content«, was man als »von Nutzern erstellte Inhalte« übersetzen kann. Diese unterscheiden sich von rein professionell erstellten Inhalten und sind häufig auf Web 2.0-Plattformen zu finden. Bekannte Beispiele für UGC sind die Produktbewertungen bei Amazon oder die Bilder, die Nutzer auf Instagram hochladen.

Unicode Consortium

Eine gemeinnützige Organisation mit Sitz in Kalifornien, die sich darum kümmert, dass Zeichen und Emojis auf allen Betriebssystemen gleich angezeigt werden

Unterseekabel

Auf den Meeresböden liegen derzeit rund 430 Kabel, die zur Datenübertragung genutzt werden. Das erste Unterseekabel wurde 1856 zwischen Nordamerika und Europa verlegt. Es dauerte jedoch zehn Jahre, bis über das Kabel auch Informationen transportiert werden konnten. Heute sind die Unterseekabel mit Glasfasern ausgestattet. Die Beratungsfirma Telegeography gibt jährlich eine Übersichtskarte heraus, auf der man alle Unterseekabel und ihre Verbindungen sehen kann. Im Web findet sich unter www.submarinecable-map.com eine gute Übersicht.

Usenet

Vorläufer des World Wide Web, das häufig mit einem Schwarzen Brett verglichen wird, auf dem Nutzer Beiträge wie auch Antworten posten können

Virus

Wie das Virus aus der Biologie zeichnet sich auch der digitale Virus dadurch aus, dass er sich sehr schnell verbreitet. Bei der Verbreitung bestimmter Bilder oder Trends spricht man im Internet deshalb von »viraler Verbreitung«. Bei sogenannten Computerviren werden Rechner so infiziert, dass sie selbst zur Verbreitung des Schädlings beitragen. Meist wissen die Nutzerinnen und Nutzer nichts davon, dass ein

Computervirus zum Beispiel an eine Mail angehängt wurde und sich aktiviert, sobald das Programm gestartet wird.

VoIP

Abkürzung für »Voice over IP« (Sprache über IP), was die Möglichkeit beschreibt, über den IP-Layern Sprachinformationen zu transportieren

W3C

Das World Wide Web Consortium ist eine neutrale Versammlung derjenigen, die sich für das Web interessieren. Das W3C entwickelt übergreifende Standards wie Html, XHtml oder XML.

Walled Garden

Englischer Begriff für »umzäunter Garten«, beschreibt Plattformen und Systeme, die die Nutzer quasi einsperren, indem sie einen Austausch mit externen Anbietern ausschließen. Apple als geschlossene Plattform ist dafür eines der bekanntesten Beispiele.

Web 2.0

Der Begriff wurde im Jahr 2004 von Dale Dougherty erfunden, der im Verlag von Tim O'Reilly arbeitete. Der Verleger schrieb im Jahr 2005 einen viel beachteten Text mit dem Titel »What is Web 2.0?«, in dem er all jene Beteiligungsformen beschrieb, die wir heute in sozialen Netzwerken finden. Das Web wird dabei erstens als Plattform betrachtet, es setzt zweitens auf die Weisheit der vielen (Folksonomy statt Taxonomie), die Nutzer werden drittens als Mitarbeiter ohne Bezahlung eingespannt. Es wird viertens Software eingesetzt, die über einzelne Gerätekategorien hinaus anwendbar ist, Daten sind fünftens wichtiger als Design, und der sogenannte Long Tail kommt sechstens zur Anwendung – es können also auch Nicht-Bestseller hohe Reichweiten erzielen.

Weisheit der Vielen, Die

Titel eines Buches von James Surowiecki, in dem dieser auf dem Höhepunkt des sogenannten Web 2.0 beschrieb, wie durch die Verbindung vieler Teilnehmer neues Wissen entstehen kann

Wikipedia

Name der größten Enzyklopädie im Web. Die Seite verdankt ihren Namen und ihren Inhalt dem sogenannten Wiki-Prinzip, das eine kollaborative Arbeit an Inhalten ermöglicht. Gegründet im Jahr 2001.

WLAN

Abkürzung für Wireless Local Area Network, beschreibt eine kabellose Verbindung mit dem Internet. Die Abkürzung LAN wiederum beschreibt ein lokales Netzwerk, in dem man sich per Kabel mit dem Internet verbinden kann.

Wordpress

Name der vermutlich populärsten Blog-Software im Web

WPA

Abkürzung für Wi-Fi Protected Access, regelt den Zugang zu kabellosen Internetverbindungen (WLAN) und ist der Nachfolger der WEP-Verschlüsselung, die nicht mehr als sicher gilt

Wurm

Bezeichnung für Schadprogramme, die ähnlich wie Viren

(siehe dazu Virus) funktionieren und Rechner befallen. Es handelt sich um eigenständige Programme, die ihre wahre Identität verschleiern. Sie werden zum Beispiel als Anhang per Mail verschickt und tarnen sich als Dokument oder Bilddatei, die beim Versuch, sie zu öffnen, Schaden anrichten.

XML

Abkürzung für Extensible Markup Language. Die generische Sprache vom W3C, dem Konsortium, das sich um Standardisierungen im Web kümmert

Zweckbindung

Begriff aus dem deutschen Datenschutz. Beschreibt die Vorgabe, Daten jeweils nur für einen bestimmten Zweck erheben und speichern zu dürfen

Zwei-Browser-Lösung

Ansatz, bei dem man für unterschiedliche Webanwendungen mindestens zwei unterschiedliche Browser verwendet, um ein Nachverfolgen zu erschweren

Das Internetjahr: Jubiläen und andere Jahrestage – ohne Anspruch auf Vollständigkeit

22. Januar (1996)

Die *New York Times* stellt ihre erste Website ins Netz und kündigt an, dort nun fortlaufend aktuelle Meldungen zu veröffentlichen.

1. Februar (jährlich)

Passwort-ändern-Tag. Jährliche Erinnerung daran, dass Passwörter wie Zahnbürsten sind: Man sollte sie nicht weitergeben und regelmäßig ändern.

6. Februar (jährlich)

Safer-Internet-Day. An diesem Tag appellieren zahlreiche Organisationen an alle institutionellen wie menschlichen Teilnehmer, sich für ein besseres Internet einzusetzen: www.saferinternet.de

8. Februar (1996)

John Perry Barlow veröffentlicht die sogenannte Unabhängigkeitserklärung des Cyberspace (www.eff.org/de/cyberspaceindependence), auf Deutsch unter https://www.heise.de/tp/features/Unabhaengigkeitserklaerung-des-Cyberspace-3410887.html

28. März (2011)

Im südgeorgischen Dorf Ksani durchtrennt eine 75-jährige Rentnerin ein Glasfaserkabel, das eine zentrale Netzverbindung nach Armenien darstellt. Das Land ist daraufhin für Stunden vom Internet abgeschnitten.

4. April (jährlich)

Die katholische Kirche begeht den Gedenktag des heiligen Isidor von Sevilla, den einige Gläubige als Schutzpatron für das Internet sehen. Offiziell ist das Patronat noch nicht, unter www.katholisch.de/sanktisidor gibt es aber bereits ein Gebet an den heiligen Isidor.

22. April (1993)

Die erste Version des Browsers »Mosaic« wird veröffentlicht. Es war der erste Browser, der Text und Bild anzeigen konnte – und ein Vorläufer des Netscape-Browsers.

23. April (2005)

Das erste YouTube-Video wird hochgeladen. Es zeigt einen der Gründer der Plattform vor dem Elefantengehege im Zoo von San Diego.

12. Mai (1995)

»Als erste überregionale Tageszeitung kann man die *taz* im weltweiten Computerverbund Internet lesen«, steht in der gedruckten Ausgabe der Berliner *taz* – die jetzt auch im Web vertreten ist.

9. Juni (2013)

Der Whistleblower Edward Snowden gibt seine Identität preis. Der ehemalige Mitarbeiter des US-Geheimdienstes hatte kurz zuvor die Überwachungsprogramme XKeyscore, PRISM sowie Tempora öffentlich gemacht, mit deren Hilfe die amerikanischen und britischen Geheimdienste die weltweite Internetkommunikation überwachen.

19. Juni (2013)

Auf einer gemeinsamen Pressekonferenz mit dem US-Präsidenten Barack Obama sagt Bundeskanzlerin Angela Merkel den Satz: »Das Internet ist für uns alle Neuland.«

6. Juli (1990)

Gründung der Electronic Frontier Foundation, einer Bürgerrechtsorganisation, die sich für digitale Bürgerrechte und gegen Überwachung einsetzt.

14. Juli (1995)

Am Fraunhofer-Institut für Integrierte Schaltungen in Erlangen einigt man sich in einer Namensabstimmung auf die Endung .mp3 als Abkürzung für ISO MPEG Audio Layer 3 als Komprimierungstechnik von Tondokumenten. Das Ergebnis der Abstimmung verkündet Jürgen Zeller per Rundmail – und beendet diese mit einem Smiley :-).

23. August (2007)

Der Twitter-Nutzer Chris Messina schlägt vor, das Rautezeichen zu benutzen, um sich zu organisieren: Der Hashtag ist erfunden. Auf diese Weise werden alle Begriffe, die ein

Rautezeichen enthalten, zu Links, unter denen sich alle
Beiträge zum Thema sammeln.

29. Oktober (1969)

Im sogenannten Arpanet gelingt es, eine Verbindung zwischen zwei Computern in Los Angeles und Stanford herzustellen. Die Forscher wollen das Wort »Login« übertragen, nach dem »O« reißt die Verbindung aber ab.

6. November (1986)

Einführung der Top-Level-Domain .de für Deutschland

9. Dezember (1991)

Die sogenannte Gore-Bill wird unter dem Titel High Performance Computing Act (HPCA) vom US-Kongress verabschiedet. Das Gesetz ist nach dem damaligen US-Vizepräsidenten Al Gore benannt, der damit die Voraussetzungen für den Erfolg des Internets mit beeinflusste. Von ihm stammt auch das Bild der Datenautobahn (Information Super-Highway).

Das Internet zum Weiterlesen – Buch- und Surftipps

Andrew Blum: *Kabelsalat. Wie ich einem kaputten Kabel folgte und das Innere des Internets entdeckte*, München 2012
Ein gut lesbares Buch, das die greifbare Infrastruktur des Internets beleuchtet

https://www.digitale-helden.de/
Website, die ein digitales Mentorenprogramm betreibt, bei dem Schüler Schülern den sinnvollen Umgang mit dem Internet nahebringen

Clive Gifford: *Smartphones, Games & Internet. So spannend ist die digitale Welt*, München 2012
Eher ein Kinderbuch, das aber auch Erwachsenen eine sehr grundlegende Einführung in die Grundbegriffe liefert

John Griesemer: *Rausch*, Hamburg 2003
Der Roman spielt in der Mitte des 19. Jahrhunderts und handelt unter anderem vom ersten transatlantischen Unterseekabel.

Krzysztof Janowicz: *Sicherheit im Internet*, Köln 2002, 3. Auflage 2007
Eine technische, aber leicht verständliche Einführung in die Architektur des Internets – mit Ratschlägen zur Stärkung der eigenen Sicherheit

Klicksafe.de
Von der EU finanziertes Webangebot, das eine kompetente und kritische Nutzung von Internet und Neuen Medien vermitteln soll

Charles M. Kozierok: *The TCP/IP Guide. A Comprehensive, Illustrated Internet Protocols Reference*, San Francisco 2005
Nur auf Englisch und nur antiquarisch verfügbares Buch, in dem Kozierok die Grundlagen des TCP/IP-Protokolls, aber vor allem der Netzwerktechnik beschreibt. Die Inhalte sind auch auf der Website http://www.tcpipguide.com zugänglich.

Hannes Ley: *#ichbinhier. Zusammen gegen Fake News und Hass im Netz*, Köln 2018
Das Buch trägt den gleichen Namen wie die Facebook-Gruppe, in der Autor Hannes Ley eine Form der Netzkommentar-Zivilcourage organisiert. Die Mitglieder der Gruppe mischen sich in Diskussionen ein, die aus dem Ruder zu laufen drohen.

Moritz Metz: Wo das Internet lebt
Ein Radioreportage-Feature des Berliner Journalisten Moritz Metz, bei dem er sich auf eine Spurensuche nach dem Internet macht und die Orte besucht, an denen es physisch greifbar wird: http://wodasinternetlebt.de/

Stefan Mey: *Darknet: Waffen, Drogen, Whistleblower. Wie die digitale Unterwelt funktioniert*, München 2018
Einführung in das Darknet, sehr sachlich, sehr anschaulich beschrieben

Nicholas Negroponte: *Total digital. Die Welt zwischen 0 und 1 oder Die Zukunft der Kommunikation*, München 1997
Schon Mitte der 1990er-Jahre erschienen, liefert dieses Buch eine sehr gute Beschreibung dessen, was der ehemalige Chef des MIT-Medialabs in Cambridge als den Wandel von den Atomen zu den Bits beschreibt.

Kathrin Passig, Sascha Lobo: *Internet: Segen oder Fluch*, Berlin 2012
Zwei der renommiertesten Digitaldenker Deutschlands beantworten in diesem lesenswerten Buch die Frage, ob das Internet denn nun Segen oder Fluch sei.

Felix Stalder: *Kultur der Digitalität*, Berlin 2016
Eher ein wissenschaftliches Buch, das aber auch für Nicht-Wissenschaftler einen guten Einblick in den kulturellen Wandel dessen gibt, was man Digitalisierung nennt

Quellenverzeichnis

1   Tim Berners-Lee und Mark Fischetti: *Der Web-Report. Der Schöpfer des World Wide Web über das grenzenlose Potential des Internets*, Berlin 1999

2   Vint Cerf, zitiert nach: http://www.wired.co.uk/article/is-the-internet-broken-how-to-fix-it

3   Clifford Stoll: Why the web won't be nirvana, *Newsweek*, 26.2.1995

4   Clifford Stoll: boingboing.net/2010/02/26/curmudgeony-essay-on.html

5   zitiert nach Dirk von Gehlen: *Meta – das Ende des Durchschnitts*, Berlin 2017

6   Andrew Blum: *Kabelsalat. Wie ich einem kaputten Kabel folgte und das Innere des Internets entdeckte*, München 2012

7   Das Bundesministerium für Verkehr und Digitale Infrastruktur bietet im Internet einen sogenannten Breitbandatlas, der den aktuellen Stand der Breitband-Versorgung und -Verfügbarkeit in Deutschland dokumentiert, https://www.bmvi.de/DE/Themen/Digitales/Breitbandausbau/Breitbandatlas-Karte/start.html

8   http://www.bpb.de/apuz/246427/digitale-infrastruktur-zwischen-foerdermilliarden-und-netzrealitaeten?p=all

9   Benjamin Fabian, zitiert nach Rebecca Ciesielski: Internet und Apokalypse, *Tagesspiegel*, 7.10.2016, http://digitalpresent.tagesspiegel.de/internet-und-apokalypse

10 Günter Hack: Das Internet als militärisches System, *Merkur*, 1.1.2015 (http://www.klett-cotta.de/media/14/mr_2015_01_0081–0087_Guenter_Hack_Internet_als_militaerisches_System.pdf)

11 zitiert nach Tim Berners-Lee: *Der Web-Report*

12 zitiert nach Tim Berners-Lee: *Der Web-Report*

13 John Perry Barlow: https://de.wikipedia.org/wiki/Unabh%C3%A4 ngigkeitserkl%C3%A4rung_des_Cyberspace

14 Clyde Wayne Crews Jr. und Adam Thierer: *Who rules the Net? Internet Governance and Jurisdiction*, Washington 2003 (übersetzt vom Autor)

15 Wolfgang Kleinwächter: Weltregierung des Internet formiert sich, *FAZ*, 16.3.2016

16 Interview mit Jürgen Habermas in *El Pais*, 7.5.2018, https://elpais. com/elpais/2018/05/07/inenglish/1525683618_145760.html

17 zitiert nach Virginia Hefernan: Our best hope for civil discourse online is on … Reddit, *Wired*, 16.1.2018, https://www.wired.com/story/free-speech-issue-reddit-change-my-view/

18 Stefan Mey: Die Darknet-Ökonomie funktioniert – und das ist erstaunlich, Interview in *Galore,* August 2017, https://galore.de/inter views/people/stefan-mey/2017-08-31

19 https://www.adweek.com/digital/back-to-the-80s-the-preferred-social-networks-of-a-brain-an-athlete-a-basket-case-a-princess-and-a-criminal/

20 Urs Gasser, John Palfrey: *Generation Internet: Die Digital Natives. Wie sie leben – was sie denken – wie sie arbeiten*, München 2008

21 Linus Neumann, Vortrag auf dem Zündfunk-Netzkongress 2015, https://www.youtube.com/watch?v=jOhWZOn_IWY

22 Patrik Svedberg: https://www.youtube.com/watch?v=ESyJop31cmY

23 Jonathan Jones: Emoji is dragging us back to the dark ages – and all we can do is smile: https://www.theguardian.com/artanddesign/jo-nathanjonesblog/2015/may/27/emoji-language-dragging-us-back-to-the-dark-ages-yellow-smiley-face

24 Vyvyan Evans: *The Emoji Code. How Smiley Faces, Love Hearts and Thumbs Up are Changing the Way We Communicate*, London 2017

25 Sascha Lobo: http://www.spiegel.de/netzwelt/web/emojis-warum-die-symbole-ein-gesellschaftlicher-fortschritt-sind-a-1185165.html

26 http://www.ard-zdf-onlinestudie.de/ardzdf-onlinestudie-2017/

27 Markus Beckedahl, Falk Lüke: *Die digitale Gesellschaft. Netzpolitik, Bürgerrechte und die Machtfrage*, München 2012

28 Mathias Mertens: http://fudder.de/warum-nerds-ploetzlich-cool-sind-interview-mit-nerdforscher-mathias-mertens-118207113.html

29 https://raumzeitlabor.de/blog/christopher-lauer-piraten-mda-ber lin-gewinnt-auszeichnung-troll-des-jahres-2012/

30 Kristin Hauk, Torsten Beeck: Sollten Eltern Fotos ihrer Kinder pos-

ten?, *Spiegel Online*, 18.11.2017 http://www.spiegel.de/lebenundler
nen/schule/facebook-und-instagram-duerfen-eltern-fotos-ihrer-
kinder-posten-a-1177976.html

31 Kathrin Passig: Ewig währt die Internetpubertät, *Zeit Online*, 3.2.2014,
https://www.zeit.de/digital/internet/2014-02/kathrin-passig-inter
netpubertaet

32 Gasser, Palfrey: *Generation Internet*, S. 306

33 Nicholas Negroponte, aus: Stefan Bollmann und Christiane Heibach:
*Kursbuch Internet – Anschlüsse an Wirtschaft und Politik, Wissenschaft und
Kunst*, Reinbek bei Hamburg 1996

34 zitiert nach: Dirk von Gehlen: Plötzlich nackt im Netz, *sz.de*,
2.11.2016, http://www.sueddeutsche.de/digital/datenhandel-ploetz-
lich-nackt-im-netz-1.3231155

35 v. Gehlen: Plötzlich nackt im Netz

36 Farhad Manjoo: Tech's frightful 5 will dominate digital life for for-
seeable future, *New York Times*, 20.1.2016, https://www.nytimes.
com/2016/01/21/technology/techs-frightful-5-will-dominate-di
gital-life-for-foreseeable-future.html

37 Scott Galloway: *The Four: Die geheime DNA von Amazon, Apple,
Facebook und Google,* Kulmbach 2018

38 Catherine Hoffmann, Claus Hulverscheidt: Außer Kontrolle, *Süddeutsche Zeitung*, 4.1.2018, http://www.sueddeutsche.de/wirtschaft/
facebook-google-co-ausser-kontrolle-1.3813828

39 https://www.economist.com/briefing/2018/01/20/the-techlash-
against-amazon-facebook-and-google-and-what-they-can-do

40 Nick Srnicek: Wir müssen über Verstaatlichung nachdenken, Interview mit *Zeit Online*, 25.2.2018, https://www.zeit.de/kultur/2018-02/
plattform-kapitalismus-google-amazon-facebook-verstaatlichung/
komplettansicht

41 Sascha Lobo: Das Internet ist nicht das, wofür ich es gehalten habe,
FAZ, 12.1.2014, http://www.faz.net/aktuell/feuilleton/medien/
sascha-lobo-das-internet-ist-nicht-das-wofuer-ich-es-gehalten-habe-
12747989.html

42 http://www.sz.de/1.3836110

43 https://www.deutschlandfunk.de/hyperkultur-versus-kulturessen-
zialismus-der-kampf-um-das.1184.de.html?dram:article id=383157

44 Geoffrey Parker, Marshall W. Van Alstyne und Sangeet Paul Choudary: *Die Plattform-Revolution. Von Airbnb, Uber, Paypal und Co. lernen:
Wie neue Plattform-Geschäftsmodelle die Wirtschaft verändern*, Frechen
2017

»Dieses Buch ist besser als das Internet«

Jan Böhmermann

Dirk von Gehlen

Das Pragmatismus-Prinzip

10 Gründe für einen gelassenen Umgang mit dem Neuen

Piper, 224 Seiten
€ 20,00 [D], € 20,60 [A]*
ISBN 978-3-492-05863-6

Die Menschheit ist im 21. Jahrhundert angekommen, und keiner kennt sich mehr so richtig aus. Das ist gut so, sagt Dirk von Gehlen, denn mit einfachen Antworten lässt sich nicht wirksam auf die immer komplexere Gegenwart reagieren. Ratlosigkeit ist also kein Problem, sondern der erste Schritt zu einer Lösung. Das Pragmatismus-Prinzip zeigt, wie man den Pessimismus mit gutem Willen schlägt, warum es sinnvoll ist, täglich Fehler zu machen und wie Bill Gates doch noch Milliardär werden konnte, obwohl er einst sagte: »Das Internet ist nur ein Hype.«

* Cover- und Preisänderungen vorbehalten

PIPER

Leseproben, E-Books und mehr unter **www.piper.de**

Bereits erschienen:
Gebrauchsanweisung für ...

01/0001/24/L

01/0002/24/R

01/0003/24/L

Vietnam, Laos
und Kambodscha
von Benjamin Prüfer

Washington
**von Tom Buhrow
und Sabine Stamer**

die Welt
von Andreas Altmann

Wien
von Monika Czernin

Zürich
von Milena Moser

und außerdem …

fürs Boxen
von Bertram Job

für die Deutsche Bahn
von Mark Spörrle

fürs Fahrradfahren
von Sebastian Herrmann

für den FC Bayern
von Helmut Krausser

für die Formel 1
von Jürgen Roth

für die Fußball-
Nationalmannschaft
von Michael Horeni

fürs Gärtnern
von Gabriella Pape

für das Internet
von Dirk von Gehlen

für das Jenseits
von Bruno Jonas

für Kreuzfahrten
von Thomas Blubacher

für das Leben
von Andreas Altmann

fürs Lesen
von Felicitas von Lovenberg

fürs Reisen
von Ilija Trojanow

fürs Reisen mit Kindern
von Jana Steingässer

fürs Schwimmen
von John von Düffel

fürs Segeln
von Marc Bielefeld

zur Selbstverteidigung
von Thomas Glavinic

fürs Skifahren
von Antje Rávic Strubel

für Tennis
von Jürgen Schmieder

für den Wald
von Peter Wohlleben

für Weihnachten
von Constanze Kleis

für Werder Bremen
von Julia Friedrichs

01/0004/24/R